westermann

Dipl.-Hdl. Hans Jecht, M. Ed. Tobias Fieber, Dipl.-Hdl. Marcel Kunze, Dipl.-Hdl. Peter Limpke, Dipl.-Hdl. Rainer Tegeler

Einzelhandel 4.0

Arbeitsbuch mit Lernsituationen
3. Ausbildungsjahr: Lernfelder 11–14

2. Auflage

Bestellnummer 5334

Die in diesem Produkt gemachten Angaben zu Unternehmen (Namen, Internet- und E-Mail-Adressen, Handelsregistereintragungen, Bankverbindungen, Steuer-, Telefon- und Faxnummern und alle weiteren Angaben) sind i. d. R. fiktiv, d. h., sie stehen in keinem Zusammenhang mit einem real existierenden Unternehmen in der dargestellten oder einer ähnlichen Form. Dies gilt auch für alle Kunden, Lieferanten und sonstigen Geschäftspartner der Unternehmen wie z. B. Kreditinstitute, Versicherungsunternehmen und andere Dienstleistungsunternehmen. Ausschließlich zum Zwecke der Authentizität werden die Namen real existierender Unternehmen und z. B. im Fall von Kreditinstituten auch deren IBANs und BICs verwendet.

Die Seiten dieses Arbeitshefts bestehen zu 100 % aus Altpapier.

Damit tragen wir dazu bei, dass Wald geschützt wird, Ressourcen geschont werden und der Einsatz von Chemikalien reduziert wird. Die Produktion eines Klassensatzes unserer Arbeitshefte aus reinem Altpapier spart durchschnittlich 12 Kilogramm Holz und 178 Liter Wasser, sie vermeidet 7 Kilogramm Abfall und reduziert den Ausstoß von Kohlendioxid im Vergleich zu einem Klassensatz aus Frischfaserpapier. Unser Recyclingpapier ist nach den Richtlinien des Blauen Engels zertifiziert.

Druck und Bindung: Westermann Druck GmbH, Georg-Westermann-Allee 66, 38104 Braunschweig

ISBN 978-3-8045-**5334**-7

VORWORT

Der Unterricht in der Berufsschule soll die Schülerinnen und Schüler zur Mitgestaltung ihrer Berufs- und Arbeitswelt befähigen. Um diesem Anspruch gerecht zu werden, muss im schulischen Handeln von **beruflichen Handlungssituationen** ausgegangen werden. Dies sind relevante berufstypische Aufgabenstellungen und Handlungsabläufe, die die Auszubildenden in ihrem späteren Berufsleben antreffen werden.

Im Unterricht wird daher die Arbeit mit entsprechend strukturierten **Lernsituationen** erforderlich. Sie konkretisieren die Lernfelder in Form **komplexer Lehr-/Lernarrangements**. Dies geschieht durch didaktische Reflexion von beruflichen Handlungssituationen.

Im vorliegenden Arbeitsbuch wurden Lernsituationen für das 3. Ausbildungsjahr der Ausbildungsberufe **Kaufmann/Kauffrau im Einzelhandel** sowie **Verkäufer/Verkäuferin** konzipiert, die auf die Durchführung eines handlungsorientierten Unterrichts ausgerichtet sind. Für den optimalen Einsatz dieses Werkes wird das Lehrbuch *Einzelhandel 4.0, 3. Ausbildungsjahr* empfohlen.

Als Ausgangspunkt haben wir Handlungssituationen konzipiert, die für die Berufsausübung im Einzelhandel bedeutsam sind. Daraus ergeben sich Handlungen, die gedanklich nachvollzogen oder möglichst selbst ausgeführt werden müssen (**Lernen durch Handeln**). Der Unterrichtsverlauf und die Lerninhalte sind an die Struktur der jeweiligen Handlungssituation angelehnt. Die Schülerinnen und Schüler sollen zunächst ihr weiteres Vorgehen bei der Bearbeitung selbstständig planen, bevor sie die erforderlichen Handlungen aufgrund der eigenen Planung ebenfalls in eigener Verantwortung durchführen und kontrollieren – soweit dies aufgrund der jeweiligen Klassensituation möglich ist.

Bei der Konzipierung der Lernsituationen wurde Wert darauf gelegt, dass darin eine Problemstellung (**Handlungssituation**) enthalten ist, die einen klaren Bezug zu einer oder mehreren typischen beruflichen Handlungssituation(en) aufweist. Wir haben darauf geachtet, dass die **Handlungsaufgaben**, die zur Problemlösung bearbeitet werden sollen, eine ausreichend hohe, aber nicht überfordernde Komplexität aufweisen. Im Rahmen der ersten Handlungsaufgabe jeder Lernsituation erfolgt zunächst eine Reflexion und Erarbeitung der Problemstellung und die Planung des weiteren Vorgehens zum Lösen der aufgeworfenen Probleme. Diese erste Handlungsaufgabe sollte daher im Klassenverband gemeinsam bearbeitet werden.

Zur Problemlösung müssen mithilfe des Lehrbuchs zunächst theoretische Lerninhalte erarbeitet werden. Die darauf aufbauende Problemlösung führt zu einem Handlungsprodukt. Dies ist das geistige oder materielle Ergebnis des Unterrichts. Daran kann der Erfolg des individuellen Lösungsweges gemessen werden. Es kann Folgendes kontrolliert werden:

- Ist die anfängliche Problemstellung erfolgreich gelöst worden?
- Welche Fehler (z. B. Informationsdefizite) waren die Ursachen für ein unzureichendes Handlungsprodukt?

Nach Durcharbeitung der Lernsituationen sollte Zeit eingeplant werden für Übungs-, Anwendungs- und Transferphasen, in denen das neu erworbene Wissen reorganisiert und gesichert werden kann. Im Rahmen der **Vertiefungs- und Anwendungsaufgaben** zu vielen Handlungssituationen haben wir derartige Übungs- und Wiederholungsaufgaben konzipiert. Darüber hinaus werden in den Vertiefungs- und Anwendungsaufgaben auch Inhalte bearbeitet, die aufgrund der Wahrung des Handlungsstrangs der Lernsituation nicht im Rahmen der Handlungsaufgaben bearbeitet werden konnten. Ferner steht auch **im Lehrbuch** eine Vielzahl von Aufgaben (zum Wiederholen und Üben, zur Anwendung und zum Transfer) zur Verfügung.

Die Kenntnis grundlegender Begrifflichkeiten des Einzelhandels ist bedeutsam und wesentlich für das Verständnis der Wirklichkeit im Beruf, aber auch im Privatleben. Begrifflichkeiten zu kennen heißt auch zu verstehen. Glossare helfen dabei. Ein Glossar ist eine Liste von Wörtern mit Erklärungen. Im Arbeitsbuch sollen die Schülerinnen und Schüler dazu angeregt werden, eine solche Liste eigenständig zu erstellen. Jedes Kapitel, das im Schulbuch behandelt wird, kann auf Grundbegriffe hin untersucht werden, die man entweder überhaupt nicht gehört hat bzw. deren Bedeutung man noch nicht kennt. Jeder wichtige Begriff soll das Glossar erweitern. Das Glossar kann das ganze Schuljahr geführt und laufend ergänzt werden. Die Schülerinnen und Schüler entwickeln auf diese Weise ihre sprachlichen Fähigkeiten. Dies erweitert ihr Verständnis komplexer Zusammenhänge in Einzelhandelsunternehmen. Eine Vorlage für das Glossar finden Sie in der Anlage dieses Arbeitsbuches.

Für Verbesserungsvorschläge und Anregungen sind Verlag und Autoren stets dankbar.

Frühjahr 2024

Die Verfasser

INHALTSVERZEICHNIS

LERNFELD 11

11 Geschäftsprozesse erfolgsorientiert steuern 5
1 Warenbuchungen 5
2 Berechnung der Umsatzsteuerzahllast 13
3 Zahllast oder Vorsteuerüberhang in der Bilanz 19
4 Wertminderungen im Anlagevermögen – Abschreibungen 26
5 Kosten- und Leistungsrechnung zur Ermittlung des Betriebsergebnisses 33
6 Kennzahlenanalyse 41
7 Auswertung von Geschäftsprozessen mithilfe EDV-gestützter Warenwirtschaftssysteme und des Rechnungswesens 49
8 Absatzpolitische Entscheidungen auf der Grundlage der Deckungsbeitragsrechnung 54

LERNFELD 12

12 Mit Marketingkonzepten Kunden gewinnen und binden 59
1 Marketingmaßnahmen 59
2 Marktforschung 63
3 Anwendung unterschiedlicher Marketingmaßnahmen 68
4 Multichannel-Strategien im Internet 77

LERNFELD 13

13 Den Personaleinsatz planen und Mitarbeiter führen 85
1 Personalplanung 85
2 Gestaltung einer Stellenanzeige für eine neu zu besetzende Stelle 88
3 Auswahl von Stellenbewerberinnen und -bewerbern für ein Vorstellungsgespräch 94
4 Auswahlentscheidung für die ausgeschriebene Stelle 108
5 Einstellung einer neuen Mitarbeiterin oder eines neuen Mitarbeiters 113
6 Entgeltabrechnung für die neue Mitarbeitern bzw. den neuen Mitarbeiter 121
7 Datensicherung und Datenschutz 125
8 Kündigung von Mitarbeiterinnen und Mitarbeitern aus betrieblichen Gründen 134

LERNFELD 14

14 Ein Unternehmen gründen und entwickeln 141
1 Gründung eines Unternehmens 141
2 Investitions- und Finanzierungsanlässe und Finanzierungsgrundsätze 149
3 Möglichkeiten der Kapitalbeschaffung 160
4 Sicherung von Bankkrediten 170
5 Leasing 180
6 Außergerichtliches (kaufmännisches) Mahnverfahren 188
7 Gerichtliches Mahnverfahren 197
8 Unternehmenskrisen 204

Glossar 216
Bildquellenverzeichnis 219

53344

1 Warenbuchungen

HANDLUNGSSITUATION

Der Funktionsbereichsleiter Rechnungswesen, Stefan Franke, hat von Herrn Hoss den Auftrag bekommen, die „Renner" der Abteilung „Sport und Outdoor Herren" in der Tom-Hoss-KG-Filiale im SWZ in Berlin für den Monat Juli genauer zu analysieren. Damit sind die Produkte

- Badeshorts L/XL „Beach" sowie
- das Baseballcap „Winner" gemeint.

Die Auszubildende Stefanie Beyer soll ihn dabei unterstützen.

Herr Franke: *„Guten Morgen, Stefanie."*

Stefanie Beyer: *„Guten Morgen, Herr Franke."*

Herr Franke: *„Sie haben mir doch vor einiger Zeit die Umsatzstatistiken und Analysen von unseren ‚Rennern', dem Artikel ‚Baseballcap Winner' sowie den Badeshorts ‚Beach', gegeben."*

Stefanie Beyer: *„Ja, die habe ich zusammen mit Frau Zuber erstellt. Gibt es da noch Probleme?"*

Herr Franke: *„Probleme nicht. Ich benötige nun eine Aufstellung der beiden Artikel hinsichtlich des Rohgewinns für den Monat Juli. Vor allem will ich genau wissen, wie Sie die Buchungen vorgenommen und den Monatsabschluss ausgewiesen haben."*

Stefanie Beyer: *„Gibt es denn da besondere Regelungen zu beachten?"*

Herr Franke: *„Ja, die Bestandsveränderungen bei den Waren müssen auch berücksichtigt werden. Aber das kann Ihnen sicherlich Frau Zuber erklären. Ich möchte, dass Sie mir die Daten schnellstmöglich bereitstellen."*

Stefanie Beyer: *„Wird gemacht, Herr Franke. Ich gehe damit gleich zu Frau Zuber."*

Informationen zum Lösen der folgenden Handlungsaufgaben finden Sie im Lehrbuch Einzelhandel 4.0, 3. Ausbildungsjahr" in Kapitel 1 des Lernfeldes 11 (Warenbuchungen).

HANDLUNGSAUFGABEN

G a) **Lesen Sie das Kapitel 11.1 im Schulbuch „Einzelhandel 4.0" durch.**
b) **Suchen Sie die Begriffe heraus, die Sie nicht verstehen.**
c) **Tragen Sie diese Begriffe in das Glossar am Ende des Arbeitsbuchs ein.**
d) **Klären Sie anschließend diese Begriffe mithilfe Ihrer Mitschülerinnen und Mitschüler sowie Ihrer Lehrerin/Ihres Lehrers.**
e) **Halten Sie die Erklärung für den jeweiligen Begriff ebenfalls im Glossar am Ende des Arbeitsbuchs fest.**

1. Welche Probleme müssen Stefanie und Frau Zuber zur Bearbeitung der Aufgabe klären?

2. Stefanie und Frau Zuber haben alle Belege und Daten, die für die Lösung der Aufgaben notwendig sind, zusammengetragen. Es wurde jeweils ein Einkauf getätigt.

Badeshorts „Beach"

Einkauf

Sportiva GmbH SPORTIVA

Sportiva GmbH * Sportivaweg 1 * 91074 Herzogenaurach
Tom Hoss KG
Grunerstraße 120
10169 Berlin

Ihr ZeichenLW: LW
Ihre Nachricht vom: 20..-07-08
Kundennr.: 2588 TH
Rechnungsnr.: 158 TH

Telefon: 09132 3198
Fax: 09132 31008
Internet: www.sportiva-gmbh-wvd.de
E-Mail: info@sportiva-gmbh-wvd.de

Datum: 20..-07-08

Pos.	Artikel-Nr.	Beschreibung	Menge/ Einheit	Einzelpreis/€	Betrag/€
001	1700	Badeshorts „Beach"	500 St.	12,40	6.200,00
		Mengenrabatt		10 %	620,00
				Gesamtbetrag	5.580,00
				Rechnungsbetrag	**5.865,00**

Zahlbar innerhalb von 14 Tagen ohne Abzug

EINGEGANGEN
09. Juli 20..
sachlich richtig: Rin, 09.07.20..
rechnerisch richtig: Kro, 09.07.20..

Bestände Badeshorts „Beach" lt. Inventur

Anfangsbestand (01.07.): 94 Stück

Schlussbestand (31.07.): 136 Stück

Hinweis: Die Bestände werden mit den Einkaufspreisen (Einstandspreis) der Firma Sportiva GmbH bewertet (Listenpreis abzgl. Rabatt).

Barverkauf

```
Tom Hoss KG
Grunerstraße 120 | 10169 Berlin
Tel.: 030 750 610-0 | Fax: -11
USt-IdNr. DE 121287018
--------------------------------------
1909 BAR-1        2875 0015 091
Badeshorts „Beach"
     VK 1A                       27,73

          SUMME EUR              27,73
xxxxxxxxxxxxxxxxxxxxxxxxxxxxxxxxxxxxxx
          BAR                    30,00
          RüCKGELD                2,27

    VIELEN DANK FÜR IHREN EINKAUF
  KENNEN SIE SCHON UNSERE AABI-CARD?

26.07.20..       14:15:48
```

Baseballcap „Winner"

Einkauf

Textila AG

Textila AG * Mainzer Str. 75 * 60329 Frankfurt/Main
Tom Hoss KG
Grunerstraße 120
10169 Berlin

Ihr Zeichen: LW
Ihre Nachricht vom: 12.07.20..
Kundennr.: 238-3
Rechnungsnr.: 20../46

Telefon: 069 8109
Fax: 069 8111
Internet: www.textila-ag-wvd.de
E-Mail: info@textila-ag-wvd.de

Datum: 12.07.20..

Pos.	Artikel-Nr.	Beschreibung	Menge/Einheit	Einzelpreis/€	Betrag/€
001	5001	Baseballcap „Winner"	300 St.	23,00	6.900,00
		Mengenrabatt		15 %	1.035,00
				Gesamtbetrag	5.865,00
				Rechnungsbetrag	5.865,00

Zahlbar innerhalb von 30 Tagen ohne Abzug

EINGEGANGEN
13. Juli 20..
sachlich richtig: Bod, 13.07.20..
rechnerisch richtig: Run, 13.07.20..

Bestände Baseballcap „Winner" lt. Inventur

Anfangsbestand (01.07.): 125 Stück

Schlussbestand (31.07.): 85 Stück

Hinweis: Die Bestände werden mit den Einkaufspreisen (Einstandspreis) der Firma Textila AG bewertet (Listenpreis abzgl. Rabatt).

Barverkauf

```
Tom Hoss KG
Grunerstraße 120 | 10169 Berlin
Tel.: 030 750 610-0 | Fax: -11
USt-IdNr. DE 121287018
--------------------------------------
1909 BAR-1        2875 0015 095
Baseballcap „Winner"
     VK 7B                       55,61

          SUMME EUR              55,61
xxxxxxxxxxxxxxxxxxxxxxxxxxxxxxxxxxxxxx
          BAR                    60,00
          RüCKGELD                4,39

    VIELEN DANK FÜR IHREN EINKAUF
  KENNEN SIE SCHON UNSERE AABI-CARD?

26.07.20..       14:16:57
```

Frau Zuber: *„Bevor wir die Buchungen auf den entsprechenden Konten vornehmen können, müssen wir zunächst die relevanten Daten aus den vorliegenden Belegen und Informationen bestimmen."*

a) **Berechnen Sie die Anfangsbestände und die Schlussbestände des Monats Juli für das Baseballcap und die Badeshorts in Euro, bewertet zu Einkaufspreisen.**[1]

Badeshorts „Beach"	Baseballcap „Winner"
Rechnung:	Rechnung:

b) Frau Zuber erklärt Stefanie, dass die Wareneinkäufe als Aufwand auf einem Extrakonto gebucht werden, dem Konto „Aufwendungen für Waren". Außerdem erklärt sie Stefanie, dass die Bestandsveränderungen im laufenden Monat berücksichtigt werden müssen. Bestandsminderungen wirken hierbei wie ein Aufwand, werden zu den Einkäufen also hinzugezählt, und Bestandsmehrungen wirken hier wie ein Ertrag, werden von dem Einkauf also abgezogen.

Berechnen Sie die Aufwendungen der beiden Artikel für den Monat Juli.

Badeshorts „Beach"	Baseballcap „Winner"
Rechnung:	Rechnung:

c) Es müssen neben den Einkäufen natürlich auch die Verkäufe gebucht werden. Dazu, so erklärt Frau Zuber, müssen der Absatz und der Umsatz der einzelnen Waren für den Monat Juli festgestellt werden.

Berechnen Sie den Absatz und den Nettoumsatz der beiden Artikel.

Badeshorts „Beach"	Baseballcap „Winner"
Rechnung:	Rechnung:

1 In der Realität würden die Werte aller Artikel am Ende zu einem Warenkonto zusammengefasst werden. Darauf wird hier verzichtet, um Veränderungen der Warenbestände gegenüberzustellen und zu verdeutlichen.

3. Nachdem Frau Zuber und Stefanie die wichtigen Daten aus den Informationen zusammengetragen und berechnet haben, sollen die Geschäftsvorgänge nun gebucht werden. Wie von Herrn Franke gefordert, sollen alle Konten zum Ende des Monats Juli abgeschlossen werden. Es sollen nur die unten stehenden Konten aufgeführt werden.

a) **Buchen Sie die Angaben aus Aufgabe 2 auf die unten stehenden Konten.**

Badeshorts „Beach“	**Baseballcap „Winner“**
Rechnung:	Rechnung:
S **Waren/Bestände** H	S **Waren/Bestände** H
S **Aufwendungen für Waren** H	S **Aufwendungen für Waren** H
S **Umsatzerlöse für Waren** H	S **Umsatzerlöse für Waren** H
S **GuV** H	S **GuV** H

b) Am 31. Juli werden die Konten abgeschlossen. Damit verbunden sind mehrere Abschlussbuchungen.
Erstellen Sie zu den folgenden Fragen die Abschlussbuchung/den Buchungssatz.

Badeshorts „Beach“			**Baseballcap „Winner“**		
Buchungssatz	**Soll**	**Haben**	**Buchungssatz**	**Soll**	**Haben**
1. Wie lautet die Abschlussbuchung für den Warenendbestand?					
2. Liegt eine Bestandsminderung oder eine Bestandsmehrung vor und wie lautet der Buchungssatz zur Umbuchung der Bestandsminderung/Bestandsmehrung?					
3. Wie lautet die Abschlussbuchung für das Konto „Aufwendungen für Waren“?					
4. Wie lautet die Abschlussbuchung für das Konto „Umsatzerlöse für Waren“?					

53348

c) Wenn Sie sich Ihre Buchungssätze zu b) ansehen: **Welche Gemeinsamkeiten und welche Unterschiede können Sie bei einer Bestandsminderung und einer Bestandsmehrung des Warenbestands feststellen?**

Erläutern Sie auch die Unterschiede.

4. Eine wichtige Kennzahl ist für Herrn Franke der Rohgewinn.

a) **Was verstehen Sie unter dem Rohgewinn?**

b) **Ermitteln Sie den Rohgewinn für die beiden Artikel Badeshorts „Beach" sowie Baseballcap „Winner". Stellen Sie dabei auch die allgemeinen Rechenformeln für den Wareneinsatz und den Rohgewinn auf.**

Badeshorts „Beach"	Baseballcap „Winner"
Rechnung Wareneinsatz:	Rechnung Wareneinsatz:
Rechnung Rohgewinn:	Rechnung Rohgewinn:

c) Herr Franke möchte abschließend wissen, wie hoch der Rohgewinn pro Stück ist. Berechnen Sie diese Kennzahl.

Badeshorts „Beach"	Baseballcap „Winner"
Rechnung:	Rechnung:

d) **Warum ist mit diesem positiven Rohgewinn noch nicht klar, ob die Tom Hoss KG tatsächlich Gewinn mit den jeweiligen Artikeln macht?**

VERTIEFUNGS- UND ANWENDUNGSAUFGABEN

1. **Definieren Sie den Begriff „Wareneinsatz".**

2. **Wie wirken sich Bestandsmehrungen und wie wirken sich Bestandsminderungen auf den Unternehmenserfolg aus?**

3. a) **Erstellen Sie die Eröffnungsbilanz.**
b) **Richten Sie die Bestands- und Erfolgskonten ein.**
c) **Buchen Sie die Geschäftsfälle und übertragen Sie die Buchungssätze auf die Bestands- und Erfolgskonten (Hauptbuch).**
d) **Schließen Sie die Erfolgskonten über das GuV-Konto ab und übertragen Sie den Gewinn oder Verlust auf das Eigenkapitalkonto.**
e) **Schließen Sie die Bestandskonten über das SBK ab.**

Anfangsbestände	€		€
BGA	195.000,00	Bank	21.000,00
Waren	79.500,00	Eigenkapital	?
Forderungen a. LL	15.000,00	Verbindlichkeiten a. LL	15.000,00
Kasse	9.000,00		

Erfolgskonten/GuV: Aufwendungen für Waren, Löhne, Fremdinstandhaltung, Büromaterial, Umsatzerlöse für Waren, Provisionserträge, GuV-Konto
Abschlusskonten: Gewinn- und Verlustkonto, Schlussbilanzkonto

Geschäftsfälle:

1.	Zieleinkauf von Waren lt. ER	13.500,00 €
2.	Zahlung der Löhne durch Banküberweisung	6.200,00 €
3.	Warenverkauf bar	5.800,00 €
	gegen Girocard	6.600,00 €
4.	Reparatur des Laufbandes gegen Rechnung	450,00 €
5.	Barkauf von Büromaterial	150,00 €
6.	Kauf von Waren bar	1.400,00 €
7.	Kunde zahlt Rechnung durch Banküberweisung	8.500,00 €
8.	Verkauf von Waren auf Ziel	25.900,00 €
9.	Wir erhalten Provision für ein vermitteltes Geschäft	3.800,00 €

Abschlussangaben

1. Warenschlussbestand lt. Inventur .... 71.400,00 €
2. Die Schlussbestände der übrigen Bestandskonten stimmen mit den Werten der Inventur überein.

533410

Buchungssatz	Soll	Haben

A	Eröffnungsbilanzkonto	P

S	BGA	H

S	Waren/Bestände	H

S	Forderungen a. LL	H

S	Kasse	H

S	Bank	H

S	Eigenkapital	H

S	Verbindlichkeiten a. LL	H

S	Aufwendungen für Waren	H

S	Löhne	H

S	Fremdinstandhaltung	H

S	Büromaterial	H

S	Umsatzerlöse für Waren	H

S	Provisionserträge	H

S	GuV	H

A	SBK	P

Zur weiteren Vertiefung der Lerninhalte und Sicherung der Lernergebnisse empfehlen wir die Bearbeitung der Aufgaben in Kapitel 1 des Lernfeldes 11 (Warenbuchungen) Ihres Lehrbuches „Einzelhandel 4.0, 3. Ausbildungsjahr“.

2 Berechnung der Umsatzsteuerzahllast

HANDLUNGSSITUATION

Herr Franke ist mit den Umsatzstatistiken und Analysen zu den „Rennern“, dem Baseballcap „Winner“ sowie den Badeshorts „Beach“, sehr zufrieden.

Herrn Franke ist aber aufgefallen, dass die Umsatzsteuer bei den bisherigen Analysen noch nicht berücksichtigt wurde.

Er möchte gern wissen, wie hoch die Zahllast für die Tom Hoss KG im Monat Juli bezogen auf diese beiden Artikel ist.

Daher sollen Frau Zuber und Stefanie Beyer diese Werte aus den vorliegenden Informationen aufstellen:

Badeshorts „Beach“

1. Rechnung der Firma Sportiva

Sportiva GmbH SPORTIVA

Sportiva GmbH * Sportivaweg 1 * 91074 Herzogenaurach
Tom Hoss KG
Grunerstraße 120
10169 Berlin

Ihr ZeichenLW	LW
Ihre Nachricht vom	20..-07-08
Kundennr.	2588 TH
Rechnungsnr.	158 TH
Telefon	09132 3198
Fax	09132 31008
Internet:	www.sportiva-gmbh-wvd.de
E-Mail	info@sportiva-gmbh-wvd.de
Datum:	20..-07-08

Pos.	Artikel-Nr.	Beschreibung	Menge/ Einheit	Einzelpreis/€	Betrag/€
001	1700	Badeshorts „Beach“	500 St.	12,40	6.200,00
		Mengenrabatt		10 %	620,00
				Gesamtbetrag	5.580,00
				+ 19 % USt	1.060,20
				Rechnungsbetrag	**6.640,20**

Zahlbar innerhalb von 14 Tagen ohne Abzug

EINGEGANGEN 09. Juli. 20..
sachlich richtig: Rin, 09.07.20..
rechnerisch richtig: [illegible], 09.07.20..

Hinweis: Das sind alle Einkäufe.

3. Barverkäufe Badeshorts „Beach“: 458 Stück
   Stückpreis brutto (inkl. 19 % Umsatzsteuer): 33,00 €

Baseballcap „Winner“

2. Rechnung der Firma Textila

Textila AG

Textila AG * Mainzer Str. 75 * 60329 Frankfurt/Main
Tom Hoss KG
Grunerstraße 120
10169 Berlin

Ihr Zeichen	LW
Ihre Nachricht vom	12.07.20..
Kundennr.	238-3
Rechnungsnr.	20../46
Telefon	069 8109
Fax	069 8111
Internet:	www.textila-ag-wvd.de
E-Mail:	info@textila-ag-wvd.de
Datum:	12.07.20..

Pos.	Artikel-Nr.	Beschreibung	Menge/Einheit	Einzelpreis/€	Betrag/€
001	5001	Baseballcap „Winner“	300 St.	23,00	6.900,00
		Mengenrabatt		15 %	1.035,00
				Gesamtbetrag	5.865,00
				+ 19 % USt	1.114,35
				Rechnungsbetrag	6.979,35

Zahlbar innerhalb von 30 Tagen ohne Abzug

EINGEGANGEN 13. Juli. 20..
sachlich richtig: Bod, 13.07.20..
rechnerisch richtig: Run, 13.07.20..

4. Barverkäufe Baseballcaps „Winner“: 340 Stück
   Stückpreis brutto (inkl. 19 % Umsatzsteuer): 66,18 €

Stefanie fragt sich, warum die Tom Hoss KG überhaupt Umsatzsteuer einnimmt bzw. bezahlen muss und was die Zahllast zu bedeuten hat, die Herr Franke genannt hat.

Informationen zum Lösen der folgenden Handlungsaufgaben finden Sie im Lehrbuch „Einzelhandel 4.0, 3. Ausbildungsjahr“ in den Kapiteln 2 (Systematik und die Bedeutung der Umsatzsteuer), 3 (Buchung der Umsatzsteuer) und 4 (Umsatzsteuerzahllast) des Lernfeldes 11.

HANDLUNGSAUFGABEN

G
a) Lesen Sie die Kapitel 11.2 bis 4 im Schulbuch „Einzelhandel 4.0“ durch.
b) Suchen Sie die Begriffe heraus, die Sie nicht verstehen.
c) Tragen Sie diese Begriffe in das Glossar am Ende des Arbeitsbuchs ein.
d) Klären Sie anschließend diese Begriffe mithilfe Ihrer Mitschülerinnen/Mitschüler sowie Ihrer Lehrerin/Ihres Lehrers.
e) Halten Sie die Erklärung für den jeweiligen Begriff ebenfalls im Glossar am Ende des Arbeitsbuchs fest.

1. Welche Fragen muss Stefanie klären?

2. Frau Zuber erklärt Stefanie, dass es nach dem Umsatzsteuergesetz steuerbare Umsätze gibt, die wiederum in steuerpflichtige und steuerfreie Umsätze unterteilt sind.

a) **Nennen Sie drei mögliche Umsatzarten, die steuerpflichtig sind (nach § 1 UStG).**

b) **Nennen Sie drei mögliche Umsatzarten, die steuerfrei sind (nach § 4 UStG).**

533414

c) **Es gibt einen Umsatzsteuersatz von 7 % und einen von 19 %. Nennen Sie zu jedem Umsatzsteuersatz drei Beispiele.**

d) **Erläutern Sie, warum die Tom Hoss KG umsatzsteuerpflichtig ist.**

3. Frau Zuber erklärt Stefanie, dass der Umsatzsteuersatz auf den Warenwert, d. h. den Nettowarenwert bzw. den Nettoverkaufspreis, aufgeschlagen wird. So ist auf der Eingangsrechnung des Lieferanten Sportiva der Warenwert (Gesamtbetrag) von 5.580,00 € aufgeführt, die Umsatzsteuer von 19 % mit einem Betrag von 1.060,20 € und der Bruttobetrag (= Rechnungsbetrag) von 6.640,20 €.

Bestimmen Sie für alle Verkäufe im Monat Juli den Warenwert, den Umsatzsteuerbetrag und den Bruttobetrag für die beiden Artikel.

	Badeshorts „Beach“	Baseballcaps „Winner“
Bruttobetrag		
Warenwert		
Umsatzsteuer 19 %		

4. Bei der Buchung der Umsatzsteuer muss Stefanie zwischen den Konten „Vorsteuer“ und „Umsatzsteuer“ unterscheiden.

a) **Wann wird das Konto Vorsteuer und wann wird das Konto Umsatzsteuer verwendet?**

b) **Formulieren Sie zu den Belegen und Informationen der Tom Hoss KG aus der Ausgangssituation die entsprechenden Geschäftsfälle und stellen Sie den entsprechenden Buchungssatz auf.**

	Soll	Haben
1. Rechnung der Firma Sportiva Text:		

	Soll	Haben
2. Rechnung der Firma Textila Text:		
3. Verkaufte Badeshorts „Beach“: 458 Stück Text:		
4. Verkaufte Baseballcaps „Winner“: 340 Stück Text:		

5. Frau Zuber beauftragt Stefanie nun mit dem Buchen der aufgestellten Buchungssätze auf die unten stehenden Konten.[1]

a) **Tragen Sie die Buchungen in die Konten ein.**

b) **Schließen Sie die Konten ab und ermitteln Sie die Zahllast aus diesen Daten.**

c) Die Zahllast wird am 10. August an das Finanzamt vom Bankkonto der Tom Hoss KG überwiesen. **Stellen Sie zu diesem Geschäftsfall den Buchungssatz auf und übertragen Sie die Daten entsprechend auf das Konto.**

S	Vorsteuer	H

S	Umsatzsteuer	H

Buchungssatz zu c)	Soll	Haben

d) Frau Zuber fragt Stefanie nun, was sie unter der Zahllast versteht.

Erläutern Sie, was Sie unter der Zahllast verstehen.

1 Es sollen hier nur die Konten „Vorsteuer“ und „Umsatzsteuer“ betrachtet werden. Alle anderen Konteneinträge werden hier nicht berücksichtigt.

533416

e) Stefanie fragt Frau Zuber, wie sich die Zahllast auf den Unternehmenserfolg der Tom Hoss KG auswirkt.

Helfen Sie Frau Zuber bei der Antwort und begründen Sie diese.

VERTIEFUNGS- UND ANWENDUNGSAUFGABEN

1. a) **Schließen Sie die beiden Konten ab.**

S	Vorsteuer		H
1 Bank	1.100,00 €		
2 Verbindl. a.LL	5.500,00 €		
3 Kasse	2.200,00 €		
4 Verbindl. a.LL	550,00 €		
5 Bank	4.400,00 €		
6 Verbindl. a.LL	22.200,00 €		

S		Umsatzsteuer	H
		1 Ford. a.LL	4.400,00 €
		2 Bank	2.200,00 €
		3 Ford. a.LL	11.000,00 €
		4 Kasse	16.500,00 €
		5 Ford. a.LL	550,00 €
		6 Ford. a.LL	5.500,00 €
		7 Bank	1.650,00 €

b) **Nennen Sie die Buchungssätze zum Abschluss der Konten sowie zum Zahlungsausgang bei Banküberweisung der Zahllast.**

Nr.	Buchungssatz	Soll	Haben
1.			
2.			

c) **Nennen Sie die Höhe der Zahllast.**

Zahllast =

2. Die Damenmodeabteilung der Tom Hoss KG hat sich vom Großhandel, der Firma Feinkleid KG, edle Strickkleider zum Nettopreis von 300,00 € gegen Rechnung gekauft. Der Endverbraucher Herr Pautsch kauft für seine Frau zum Hochzeitstag eines dieser Strickkleider bar von der Tom Hoss KG zum Ladenpreis (brutto) von 535,50 €.

a) **Wie lauten die beiden Buchungssätze aus Sicht der Tom Hoss KG?**

Nr.	Buchungssatz	Soll	Haben
1.			
2.			

b) **Wie hoch wäre die Zahllast der Tom Hoss KG, wenn dies die einzigen Aktivitäten im Geschäftsjahr wären?**

c) Die Feinkleid KG wiederum kauft die Strickleider bei der Strickerei Möck GmbH zum Nettopreis von 220,00 €. Die Strickerei hat das Garn vor der Verarbeitung zum Strickkleid bei einer Garnmanufaktur zum Nettopreis von 50,00 € eingekauft.

Tragen Sie die Angaben in die unten stehende Liste ein und berechnen Sie die fehlenden Werte. Berechnen Sie auch die Werte und Summen für die Umsatzsteuer, Vorsteuer und die Zahllast in der jeweiligen Umsatzstufe.

Umsatzstufen	Ausgangsrechnung	Umsatzsteuer	Vorsteuer	Zahllast
Garnmanufaktur	Nettopreis .... + 19 % USt. .... Bruttopreis			
Strickerei Möck GmbH	Nettopreis .... + 19 % USt. .... Bruttopreis			
Feinkleid KG (Großhandel)	Nettopreis .... + 19 % USt. .... Bruttopreis			
Einzelhandel	Nettopreis .... + 19 % USt. .... Bruttopreis			
Summe				

d) **Geben Sie an, wie hoch die wirtschaftliche Belastung bei Endverbraucher Pautsch ist.**

e) Die Umsatzsteuerlast trägt der Endverbraucher Pautsch, während die Umsatzsteuer für die Tom Hoss KG ein „durchlaufender Posten" ist. **Erläutern Sie diesen Begriff unter Berücksichtigung der Tabelle.**

Zur weiteren Vertiefung der Lerninhalte und Sicherung der Lernergebnisse empfehlen wir die Bearbeitung der Aufgaben in den Kapiteln 2 (Systematik und die Bedeutung der Umsatzsteuer), 3 (Buchung der Umsatzsteuer) und 4 (Umsatzsteuerzahllast) des Lernfeldes 11 in Ihrem Lehrbuch „Einzelhandel 4.0, 3. Ausbildungsjahr".

3 Zahllast oder Vorsteuerüberhang in der Bilanz

HANDLUNGSSITUATION

Im Dezember, dem letzten Monat des Abrechnungszeitraums der Tom Hoss KG, sollen die noch ausstehenden Geschäftsfälle in den Abteilungen „Sportartikel" und „Herrenmode" gebucht werden.

Frau Zuber und Stefanie haben die Belege zu folgenden Geschäftsfällen vor sich liegen:

Geschäftsfälle Abteilung Sportartikel	€
1. Die Barverkäufe für den Monat Dezember betragen insgesamt	8.330,00
2. Kauf von Badeshorts bei Firma Sportiva GmbH auf Ziel (Nettopreis)	5.200,00
3. Kundinnen und Kunden zahlen im Monat Dezember mit Girocard insgesamt	11.305,00
4. Zielkauf von Laufschuhen bei der Firma Wervollst AG für eine geplante Aktion im Frühjahr (Bruttopreis)	17.850,00

Geschäftsfälle Abteilung Herrenmode	€
1. Die Barverkäufe für den Monat Dezember betragen insgesamt	99.960,00
2. Kauf von Laptops bei Firma Zonie auf Ziel (Nettopreis)	101.150,00
3. Kundinnen und Kunden zahlen im Monat Dezember mit Girocard insgesamt	124.950,00
4. Reparatur einer Rolltreppe (Bruttopreis)	4.998,00

Frau Zuber beauftragt Stefanie damit, diese letzten Buchungen für die Abteilung auszuführen und die Passivierung der Zahllast bzw. die Aktivierung des Vorsteuerüberhangs vorzunehmen. Stefanie soll abschließend einen Bericht verfassen, in dem die wesentlichen Arbeitsschritte und Besonderheiten dieser Aufgabe festgehalten sind.

Informationen zum Lösen der folgenden Handlungsaufgaben finden Sie im Lehrbuch „Einzelhandel 4.0, 3. Ausbildungsjahr" in den Kapiteln 2 (Systematik und die Bedeutung der Umsatzsteuer), 3 (Buchung der Umsatzsteuer) und 4 (Umsatzsteuerzahllast) des Lernfeldes 11.

HANDLUNGSAUFGABEN

G a) **Lesen Sie die Kapitel 11.2 bis 4 im Schulbuch „Einzelhandel 4.0" durch.**
b) **Suchen Sie die Begriffe heraus, die Sie nicht verstehen.**
c) **Tragen Sie diese Begriffe in das Glossar am Ende des Arbeitsbuchs ein.**
d) **Klären Sie anschließend diese Begriffe mithilfe Ihrer Mitschülerinnen und Mitschüler sowie Ihrer Lehrerin/Ihres Lehrers.**
e) **Halten Sie die Erklärung für den jeweiligen Begriff ebenfalls im Glossar am Ende des Arbeitsbuchs fest.**

1. Welche Fragen muss Stefanie klären?

2. Bevor Stefanie mit den Buchungen der Geschäftsfälle beginnt, bekommt sie von Frau Zuber den Auftrag, einige Begriffe zu definieren bzw. zu erläutern.

a) **Erläutern Sie mit eigenen Worten, was man unter „Umsatzsteuerzahllast“ und „Vorsteuerüberhang“ versteht.**

b) **Erläutern Sie kurz, wie es bei der Tom Hoss KG aus Buchhaltungssicht zu einer Zahllast und wie es zu einem Vorsteuerüberhang kommen kann.**

Zahllast:

Vorsteuerüberhang:

3. Frau Zuber hat bereits die meisten Daten für die Schlussbilanzen bzw. die jeweiligen SBK der beiden Abteilungen Sportartikel und Herrenmode gesammelt. Die letzten Aufgaben, um das SBK abzuschließen, soll nun Stefanie erledigen.

a) **Wie lauten die Buchungssätze zu den in der Ausgangssituation dargestellten Geschäftsfällen für die Abteilungen Sportartikel und Herrenmode, die Stefanie aufstellen muss?**

	Buchungssätze Abteilung Sportartikel	Soll	Haben
1.			
2.			
3.			
4.			

533420

	Buchungssätze Abteilung Herrenmode	Soll	Haben
1.			
2.			
3.			
4.			

b) **Stefanie soll nun die Zahllast oder den Vorsteuerüberhang ermitteln, indem sie die Daten aus den Buchungssätzen in die entsprechenden unten stehenden Konten überträgt.**[1]

I. Vor- und Umsatzsteuerkonto der Abteilung Sportartikel

S	Vorsteuer	H

S	Umsatzsteuer	H

II. Vor- und Umsatzsteuerkonto der Abteilung Herrenmode

S	Vorsteuer	H

S	Umsatzsteuer	H

c) Die Zahllast muss passiviert oder der Vorsteuerüberhang muss aktiviert werden am Ende eines Geschäftsjahres. Schließen Sie die oben stehenden Konten der Tom Hoss KG ab. **Stellen Sie den jeweiligen Buchungssatz auf.**

	Abschlussbuchungen der Abteilung Sportartikel	Soll	Haben
1.			
2.			

	Abschlussbuchungen der Abteilung Herrenmode	Soll	Haben
1.			
2.			

1 Es sollen hier nur die Konten „Vorsteuer“ und „Umsatzsteuer“ betrachtet werden. Alle anderen Konteneinträge werden hier nicht berücksichtigt.

d) Frau Zuber gibt Stefanie nun die beiden SBK der Abteilung Sportartikel und der Abteilung Herrenmode. **Stefanie soll die fehlenden Werte zur Passivierung der Zahllast bzw. zur Aktivierung des Vorsteuerüberhangs im SBK ergänzen. Helfen Sie ihr.** (Bitte die nicht relevante Position „Vorsteuer" oder „Umsatzsteuer" entsprechend streichen.)

S	SBK (Sportartikel)		H
Gebäude	320.000,00 €	EK	
BGA	86.000,00 €	Darlehen	150.000,00 €
Waren	72.000,00 €	Verbindlichkeiten *a. LL*	122.000,00 €
Forderungen *a. LL*	33.000,00 €	Umsatzsteuer	
Vorsteuer			
Bank	21.543,00 €		
Kasse	8.412,00 €		
	541.658,00 €		541.658,00 €

S	SBK (Herrenmode)		H
Gebäude	240.000,00 €	EK	
BGA	69.000,00 €	Darlehen	184.000,00 €
Waren	145.000,00 €	Verbindlichkeiten *a. LL*	156.435,00 €
Forderungen *a. LL*	23.000,00 €	Umsatzsteuer	
Vorsteuer			
Bank	12.453,00 €		
Kasse	16.534,00 €		
	505.987,00 €		505.987,00 €

4. Stefanie will nun über die wesentlichen Punkte zur Passivierung der Zahllast und der Aktivierung des Vorsteuerüberhangs einen kleinen Bericht verfassen.

Ergänzen Sie folgende Begriffe im nachfolgenden Lückentext.

3.838,00 – 3.135,00 – 703,00 – 18.962,00 – Schulden – aktiviert – Kontenseiten – niedrigeren – passiviert – Schlussbilanzkonto – Soll – Finanzamt – Aktivierung – Umsatzsteuerkonto – Haben – höheren – Umsatzsteuer – Einkäufen – Vorsteuer – Passivierung – Verkäufen – Haben-Seite – Vorsteuerüberhang – eingenommen – Vorsteuerkonto – Buchungen – ausgegeben – Zahllast

Sehr geehrte Frau Zuber,

nachfolgend werde ich Ihnen darstellen, was bei der ______________ der Zahllast und der ______________ des Vorsteuerüberhangs zu beachten ist.

I. Das Buchen von Umsatzsteuer und Vorsteuer

Bei der Aufstellung von Buchungssätzen ist Folgendes zu beachten: Die Steuer, die bei ______________ und sonstigen Käufen (z. B. eine Handwerkerrechnung) zu zahlen ist, wird auf dem ______________ gebucht. Bei ______________ und sonstigen Verkäufen wird ebenfalls eine Steuer berücksichtigt, die auf dem ______________ eingetragen wird.

Man kann sich Folgendes merken:

– Vorsteuer immer im ____________ und
– Umsatzsteuer immer im ____________

(Ausnahme sind Stornobuchungen oder Retourbuchungen).

533422

II. Ermittlung der Zahllast/des Vorsteuerüberhangs

Wenn alle ______ eines Monats getätigt wurden, werden das Vorsteuerkonto und das Umsatzsteuerkonto abgeschlossen. Es werden erst einmal die ______ beider Konten addiert. Das Konto mit dem ______ Gesamtwert wird über das Konto mit dem ______ Gesamtwert abgeschlossen. Beispielsweise beträgt in der Abteilung Sportartikel der Gesamtwert des Kontos „Vorsteuer“ ______ € und der Gesamtwert des Kontos „Umsatzsteuer“ ______ €. Daher wird das ______ -Konto über das ______ -Konto abgeschlossen. Die Differenz auf der ______ des Vorsteuerkontos beträgt ______ €. Dies ist der ______ des Monats Dezember für die Abteilung Sportartikel. Umgekehrt sieht es in der Abteilung Herrenmode aus. Da mehr Umsatzsteuer ______ als ______ wurde, liegt eine ______ in Höhe von ______ € vor. Die Zahllast sind ______ gegenüber dem Finanzamt.

III. Passivierung der Zahllast/Aktivierung des Vorsteuerüberhangs

Wenn die Zahllast oder der Vorsteuerüberhang festgestellt wurde, muss diese(r) am Jahresende ______ oder ______ werden. Das bedeutet, dass die entsprechenden Werte auf dem ______ ausgewiesen werden müssen. Die Zahlung ans oder vom ______ erfolgt hier in der Regel erst im nächsten Monat, d. h. im nächsten Geschäftsjahr. Die Abteilung Sportartikel muss einen Vorsteuerüberhang ausweisen und die Abteilung Herrenmode eine Zahllast.

Mit freundlichen Grüßen

Stefanie Beyer

VERTIEFUNGS- UND ANWENDUNGSAUFGABEN

1. Entscheiden Sie, ob die folgenden Aussagen richtig oder falsch sind.

Aussagen	richtig	falsch
Das Vorsteuerkonto ist ein aktives Bestandskonto.		
Bei jedem Einkauf von Gütern und Dienstleistungen fällt Umsatzsteuer an.		
Die Bemessungsgrundlage für die Umsatzsteuer ist der Warenwert.		
Der Verkauf von Grundstücken ist umsatzsteuerfrei.		
Beim Kauf von Kinokarten wird der ermäßigte Umsatzsteuersatz berechnet.		
Das Umsatzsteuerkonto ist ein Erfolgskonto.		
Das Umsatzsteuerkonto ist ein aktives Bestandskonto.		
Die gebuchte Vorsteuer stellt eine Schuld gegenüber dem Finanzamt dar.		
Jedes Unternehmen einer Produktions- und Handelsstufe trägt die Umsatzsteuer.		
Einen Vorsteuerüberhang muss ein Unternehmen am 10. des Folgemonats an das Finanzamt überweisen.		

533423

2. Zum 31. Dezember 20.. weisen die Konten „Vorsteuer“ und „Umsatzsteuer“ der Tom Hoss KG folgende Beträge aus.

a) **Schließen Sie die Konten ab.**

S	Vorsteuer		H
…	…		
…	…		
	20.000,00		

S	Umsatzsteuer		H
	…		…
	…		…
			60.000,00

b) **Nennen Sie die Buchungssätze.**

Nr.	Buchungssatz	Soll	Haben
1.			
2.			

c) **Was passiert mit der Zahllast/dem Vorsteuerüberhang?**

3. Zum 31. Dezember des Folgejahres weisen die Konten „Vorsteuer“ und „Umsatzsteuer“ der Tom Hoss KG folgende Beträge aus.

a) **Schließen Sie die Konten ab.**

S	Vorsteuer		H
…	…		
…	…		
	45.000,00		

S	Umsatzsteuer		H
	…		…
	…		…
			20.000,00

b) **Nennen Sie die Buchungssätze.**

Nr.	Buchungssatz	Soll	Haben
1.			
2.			

c) **Was passiert mit der Zahllast/dem Vorsteuerüberhang?**

533424

4. Stefanie Beyer bekommt von Frau Herzberg aus der Damenmodeabteilung im Erdgeschoss am Abend des 10. Oktobers den Tages-Kassenbestand von 2.450,00 € auf ihren Schreibtisch.

Frau Herzberg: *„Hallo Stefanie. Hier sind 2.450,00 €, der gesamte Kassenbestand von heute. Du musst noch berücksichtigen, dass wir heute früh bei Ladeneröffnung mit 500,00 € Kassenbestand gestartet sind. Für die Paketzustellung sind außerdem noch 23,80 € an Gebühren bezahlt worden. Nachmittags ist Jakub Nowak zur Bank gegangen und hat dort bereits 4.000,00 € bar eingezahlt."*

a) **Warum ist der Kassenbestand in der Regel nicht mit der Summe aller Bareinnahmen aus dem Warenverkauf eines Tages identisch?**

b) **Bestimmen Sie die Summe der Barverkäufe der Damenmodeabteilung für den 10. Oktober.**

Kassenbericht vom 10. Oktober 20..	€

5. **Entscheiden Sie, ob die folgenden Aussagen richtig oder falsch sind. Nehmen Sie dazu auch die Kapitel 11.1 bis 11.3 des Lehrbuches zur Hilfe.**

Aussagen	richtig	falsch
Eine Bestandsmehrung liegt vor, wenn der Schlussbestand kleiner ist als der Anfangsbestand.		
Das Konto *Aufwendungen für Waren* wird über das Schlussbilanzkonto abgeschlossen.		
Das Konto *Waren* wird mit dem Inventurbestand über das Schlussbilanzkonto abgeschlossen.		
Der Wareneinsatz sind die verkauften Waren bewertet zum Bezugspreis (Einstandspreis).		
Die Umsatzsteuer ist kein durchlaufender Posten.		
Die Zahllast ist die Umsatzsteuerschuld an das Finanzamt.		
Auf das Konto *Aufwendungen für Waren* wird der Bruttowert der Ware gebucht.		
Passivierung der Zahllast bedeutet die Buchung der Zahllast am Bilanzstichtag auf der Haben-Seite des Schlussbilanzkontos.		
Natürliche Belege müssen eigens für die Buchführung angefertigt werden.		
Jeder Geschäftsfall muss nachgewiesen werden, entweder mündlich oder schriftlich.		
Einzelbelege erfassen einen Geschäftsfall.		
Keine Buchung ohne Beleg.		

Zur weiteren Vertiefung der Lerninhalte und Sicherung der Lernergebnisse empfehlen wir die Bearbeitung der Aufgaben in den Kapiteln 2 (Systematik und die Bedeutung der Umsatzsteuer), 3 (Buchung der Umsatzsteuer) und 4 (Umsatzsteuerzahllast) des Lernfeldes 11 Ihres Lehrbuches „Einzelhandel 4.0, 3. Ausbildungsjahr".

4 Wertminderungen im Anlagevermögen – Abschreibungen

HANDLUNGSSITUATION

Die Tom Hoss KG hat sich zu Beginn des Jahres einen großen Lkw gekauft, mit dem sie die vielen Filialen in ganz Deutschland beliefern will. Herr Hoss hat diese Entscheidung getroffen, um unabhängiger von den Frachtführern zu sein und um flexibler auf spontane Entwicklungen im Unternehmen reagieren zu können.

Außerdem sind zu Beginn des Jahres noch weitere Wirtschaftsgüter angeschafft worden, die nachfolgend aufgeführt sind.

1. Rechnung für einen Lkw, Nettopreis 360.000,00 € (vom 07.01.20..)
2. Rechnung für zwei neue Notebooks zu je 850,00 € netto (vom 15.01.20..)
3. Rechnung für eine neue Schreibtischlampe, 95,00 € netto (vom 18.01.20 . .)
4. Ein neuer Schreibtisch, Nettopreis 880,00 € (vom 22.01.20 . .)
5. Vier neue Schreibtischstühle zu je 280,00 € netto (vom 24.01.20 . .)

Frau Zuber und Stefanie aus der Abteilung Rechnungswesen bekommen diese Rechnungen auf den Tisch. Diese sollen jeweils per Banküberweisung beglichen werden.

Stefanie: *„Frau Zuber, hier sind viele Rechnungen, die wir noch buchen müssen. Vor allem ist eine Rechnung über einen Lkw von 428.400,00 € brutto dabei. Das ist ja sehr viel. Da werden wir in diesem Geschäftsjahr wohl einen hohen Verlust einfahren."*

Frau Zuber: *„Das ist in der Tat viel Geld. Aber daraus kann man nicht schließen, dass die Tom Hoss KG Verlust machen wird. Der Lkw geht erstens als Anlagevermögen in die Bilanz ein und zweitens werden die Aufwendungen jährlich als Abschreibungen verbucht."*

Stefanie: *„Abschreibungen? Was soll das sein?"*

Frau Zuber: *„Da gibt es gesetzliche Bestimmungen bei den Abschreibungssätzen und der Nutzungsdauer. Außerdem muss man zwischen Anlagevermögen und geringwertigen Wirtschaftsgütern unterscheiden. Am besten erstellen wir erst einmal einen Abschreibungsplan und dann gucken wir, wie wir diese Geschäftsfälle buchen können ..."*

Informationen zum Lösen der folgenden Handlungsaufgaben finden Sie im Lehrbuch „Einzelhandel 4.0, 3. Ausbildungsjahr" in Kapitel 6 des Lernfeldes 11 (Wertminderungen im Anlagevermögen – Abschreibungen).

HANDLUNGSAUFGABEN

G a) **Lesen Sie das Kapitel 11.6 im Schulbuch „Einzelhandel 4.0" durch.**
b) **Suchen Sie die Begriffe heraus, die Sie nicht verstehen.**
c) **Tragen Sie diese Begriffe in das Glossar am Ende des Arbeitsbuchs ein.**
d) **Klären Sie anschließend diese Begriffe mithilfe Ihrer Mitschülerinnen und Mitschüler sowie Ihrer Lehrerin/Ihres Lehrers.**
e) **Halten Sie die Erklärung für den jeweiligen Begriff ebenfalls im Glossar am Ende des Arbeitsbuchs fest.**

1. Welche Fragen muss Stefanie klären?

533426

2. „Abschreibungen berücksichtigen die Wertminderung einer Sachanlage", sagt Frau Zuber.

a) **Erläutern Sie diese Aussage am Beispiel des Einkaufs eines neuen Lkw der Tom Hoss KG.**

b) **Nennen Sie drei Bewertungsmaßstäbe, die für die Abnutzung einer Sachanlage herangezogen werden können.**

3. Frau Zuber erklärt Stefanie, dass es auch geringwertige Wirtschaftsgüter gibt, die nach anderen Kriterien abgeschrieben werden.

a) Erläutern Sie den Unterschied zwischen den „normalen" Sachanlagen und den geringwertigen Wirtschaftsgütern.

b) Bei den geringwertigen Wirtschaftsgütern wird zwischen Sofortaufwand, der Sofortabschreibungsmethode, der Poolabschreibungsmethode und der Regelabschreibungsmethode unterschieden. **Erläutern Sie diese vier Methoden kurz.**

Abschreibungsmethode	Erläuterung
Sofortaufwand	
Sofortabschreibungsmethode	

Abschreibungsmethode	Erläuterung
Poolabschreibungsmethode	
Regelabschreibungsmethode	

c) **Stefanie soll nun die fünf im Ausgangsfall dargestellten abnutzbaren Wirtschaftsgüter den Erläuterungen zuordnen. Außerdem soll sie die Anschaffungswerte für die dargestellten Abschreibungsmöglichkeiten festlegen. Helfen Sie ihr dabei.**

Anschaffungswert				
Abschreibungsmöglichkeit	Regelabschreibung	Regelabschreibung oder Sofortaufwand	Regelabschreibung oder Poolabschreibung	Regelabschreibung oder Sofortabschreibung oder Poolabschreibung
Wirtschaftsgut (Ausgangslage)				

4. Stefanie bekommt von Frau Zuber den Auftrag, für den Lkw einen Abschreibungsplan für die gesamte Nutzungsdauer zu erstellen.

a) **Erstellen Sie einen Abschreibungsplan für den Lkw bei einer Nutzungsdauer von 9 Jahren, indem Sie den jährlichen AfA-Satz berechnen (AfA = Absetzung für Abnutzung) und den buchhalterischen Restwert bei linearer AfA bestimmen.**

Jahr	Abschreibung	Buchwert/Restwert
Anschaffung 07.01.01 (01 = 1. Jahr)		
31.12. Jahr 01		
31.12. Jahr 02		
31.12. Jahr 03		
31.12. Jahr 04		
31.12. Jahr 05		
31.12. Jahr 06		
31.12. Jahr 07		
31.12. Jahr 08		
31.12. Jahr 09		

b) **Wie wird ein komplett abgeschriebenes Wirtschaftsgut grundsätzlich buchhalterisch erfasst?**

533428

c) Im Januar Jahr 01 soll Stefanie die Eingangsrechnung für den Lkw buchen. **Nehmen Sie die erforderliche Buchung vor.**

Buchungssatz bei Anschaffung	Soll	Haben

d) Am 31.12. Jahr 01 soll Stefanie nun die Buchung für die erste Abschreibung des Lkw vornehmen. **Nehmen Sie die erforderliche Buchung vor.**

Buchungssatz zum Jahresende	Soll	Haben

e) **Nehmen Sie die erforderliche Buchung des Fuhrparks beim Kontenabschluss am Jahresende des Jahres 0 vor.**

Buchungssatz zum Jahresende	Soll	Haben

5. Die Schreibtischlampe zum nettopreis von 95,00 € soll von Stefanie nach Rechnungseingang direkt als Aufwand gebucht werden.

a) **Erklären Sie wovon es abhängig ist, ob die Tom Hoss KG die Sofortabschreibungsmethode oder die Regelabschreibungsmethode wählt.**

b) **Buchen Sie die per Banküberweisung bezahlte Schreibtischlampe direkt als Aufwand.**

Buchungssatz bei Anschaffung	Soll	Haben

6. Die Notebooks zu je 850,00 €, die Schreibtischstühle zu je 280,00 Euro und den Schreibtisch zu 880,00 € soll Stefanie nach einer Unternehmensentscheidung jahrgangsbezogen als Sammelposten abschreiben.

a) **Ermitteln Sie die Höhe des Sammelpostens und die entsprechende jährliche Abschreibung.**

b) **Bilden Sie die Buchungssätze dieser beiden Artikel am Tag der Anschaffung.**

Buchungssatz bei Anschaffung	Soll	Haben

c) Am 31.12. Jahr 01 soll Stefanie nun die Buchung für die erste Abschreibung des Sammelpostens vornehmen. **Bilden Sie den entsprechenden Buchungssatz.**

Buchungssatz zum Jahresende	Soll	Haben

d) **Bilden Sie den Buchungssatz zur Buchung des Sammelpostens auf das SBK am Jahresende des Jahres 01.**

Buchungssatz zum Jahresende	Soll	Haben

7. Stefanie bekommt von Frau Zuber nun den Auftrag, die vier neuen Schreibtischstühle zu je 280,00 € sofort abzuschreiben.

a) **Bilden Sie den Buchungssatz für die Anschaffung der Schreibtischstühle.**

Buchungssatz bei Anschaffung	Soll	Haben

b) Am 31.12. Jahr 01 soll Stefanie nun die sofortige Abschreibung der Schreibtischstühle vornehmen. **Bilden Sie den entsprechenden Buchungssatz.**

Buchungssatz zum Jahresende	Soll	Haben

c) **Wie hoch ist nun also der buchhalterische Schlussbestand am Jahresende für die Schreibtischstühle?**

VERTIEFUNGS- UND ANWENDUNGSAUFGABEN

1. Anlagegüter (keine Leistungsabschreibungen), die während des Wirtschaftsjahres angeschafft werden oder im Laufe des Wirtschaftsjahres veräußert werden, werden in der Praxis häufig nach Nutzungsmonaten abgeschrieben.

a) **Ermitteln Sie für nachfolgende Anlagegüter den Abschreibungsbetrag.**

Nr.	Anlagegut	angeschafft am	Anschaffungswert	Nutzungsdauer[1]	Abschreibungsbetrag
1.	Lkw	25.03. . .	270.000,00 €	9 Jahre	
2.	Registrierkasse/ Kassensystem	07.07. . .	2.250,00 €	6 Jahre	
3.	Reißwolf	19.10. . .	3.200,00 €	8 Jahre	
4.	Kopiergerät	20.04. . .	14.000,00 €	7 Jahre	
5.	Fertigungsmaschine	17.06. . .	156.000,00 €	13 Jahre	
6.	Pkw	19.09. . .	45.000,00 €	6 Jahre	
7.	Reißwolf	17.10. . .	2.800,00 €	8 Jahre	
8.	Kopiergerät	15.04. . .	8.400,00 €	7 Jahre	

b) **Geben Sie die Buchungen (Buchungssätze) für die Abschreibungen der entsprechenden Anschaffungen bzw. Verkäufe an.**

Nr.	Buchungssatz bei Anschaffung	Soll	Haben
1.			
2.			
3.			
4.			
5.			
6.			
7.			
8.			

1 Es wird davon ausgegangen, dass am Veräußerungstag noch eine Restnutzungsdauer vorhanden ist.

2. **Wie wirken sich die am Jahresende durchgeführten Abschreibungen auf die Tom Hoss KG aus?**

	Durch die Abschreibung werden die Kosten der Tom Hoss KG gesenkt und der Gewinn erhöht.
	Die Anschaffungskosten eines Anlagegutes werden durch die Abschreibung auf die vorgesehenen Nutzungsjahre verteilt.
	Durch den Abschreibungsprozentsatz werden die Nutzungsjahre eines Anlagegutes festgelegt.
	Durch die Abschreibung werden die Kosten und der Gewinn der Tom Hoss KG gesenkt.
	Durch die Abschreibung werden die Kosten und der Gewinn der Tom Hoss KG erhöht.

3. Eine Maschine der Tom Hoss KG wurde im letzten Jahr komplett abgeschrieben, wodurch sich die gesamten Abschreibungsbeträge in diesem Jahr um 10.000,00 € verringern. **Welche Auswirkungen hat dies auf die Tom Hoss KG, wenn alle übrigen Aufwendungen und Erträge gleich bleiben?**

	Der Wert der Anlagegüter der Tom Hoss KG erhöht sich.
	Der Gewinn der Tom Hoss KG wird niedriger.
	Die Maschine der Tom Hoss KG muss stillgelegt werden.
	Der Gewinn der Tom Hoss KG wird höher.
	Die Bilanzsumme der Tom Hoss KG wird höher.

4. Für mehrere Anlagegüter hat sich die Nutzungsdauer laut AfA-Tabelle des Finanzministeriums verlängert. **Welche Auswirkungen haben sich hierdurch für die davon betroffene Tom Hoss KG ergeben?**

	Die Handlungskosten der Tom Hoss KG sind gestiegen.
	Die möglichen jährlichen Abschreibungsbeträge sind gesunken.
	Die Kreditwürdigkeit der Tom Hoss KG ist gestiegen.
	Der zu versteuernde Gewinn der Tom Hoss KG ist gesunken.
	Die finanziellen Mittel für Neu-Investitionen sind gestiegen.

Zur weiteren Vertiefung der Lerninhalte und Sicherung der Lernergebnisse empfehlen wir die Bearbeitung der Aufgaben in Kapitel 6 des Lernfeldes 11 (Wertminderungen im Anlagevermögen – Abschreibungen) Ihres Lehrbuches „Einzelhandel 4.0, 3. Ausbildungsjahr“.

533432

5 Kosten- und Leistungsrechnung zur Ermittlung des Betriebsergebnisses

HANDLUNGSSITUATION

Die Gewinn- und Verlustrechnung (GuV) für das Jahr 20.. in der Abteilung „Herrenmode“ der Tom Hoss KG, Filiale im SWZ Berlin, hat Stefanie Beyer gerade erstellt. Stolz präsentiert sie Frau Zuber ihre Ergebnisse:

S		GuV	H
Aufwendungen für Waren	1.600.000,00 €	Umsatzerlöse für Waren	2.500.000,00 €
Löhne und Gehälter	430.000,00 €	Erträge aus Beteiligungen	34.000,00 €
Reparaturaufwand	93.960,00 €	sonstige Zinserträge	8.200,00 €
Mietaufwendungen	90.000,00 €		
Betriebliche Steuern	8.000,00 €		
Zinsaufwendungen	29.380,00 €		
Aufwendungen für Werbung	66.500,00 €		
Abschreibungen	21.000,00 €		
Aufwendungen für Treibstoff	30.000,00 €		
Aufwendungen für Energie	17.000,00 €		
Sonstige betr. Aufwendungen	50.000,00 €		
Spenden	36.000,00 €		
Reingewinn (Saldo)	70.360,00 €		
	2.542.200,00 €		2.542.200,00 €

Frau Zuber: *„Sehr schön, Stefanie. Das sieht gut aus, damit können wir den steuerlichen Reingewinn ausweisen. Was wir aber noch ermitteln müssen, ist der Erfolg unserer betrieblichen Tätigkeit.“*

Stefanie: *„Gehören die Positionen der GuV denn nicht alle zu den betrieblichen Tätigkeiten?“*

Frau Zuber: *„Nein. Mittels der Kosten- und Leistungsrechnung werden in einer rein betriebsbezogenen Sichtweise nur die betrieblichen Tätigkeiten genauer untersucht. Es gibt beispielsweise einen Unterschied zwischen Aufwendungen und Kosten sowie zwischen Erträgen und Leistungen. Außerdem ist in der Abteilung ‚Herrenmode‘ der Erfolg zwischen den Produktgruppen 1 (Anzüge, Jacken, Mäntel) und 2 (Hemden, Pullover, Krawatten, Schuhe) getrennt auszuweisen. Dies geschieht bei der Kosten- und Leistungsrechnung mittels der Kostenstellenrechnung.“*

Stefanie: *„Kosten, Leistungen, Kostenstellenrechnung, ... Das sind viele neue Begriffe.“*

Frau Zuber: *„Das werden wir jetzt Schritt für Schritt erarbeiten. Erst einmal werden wir die Ziele der Kosten- und Leistungsrechnung herausarbeiten, dann die betrieblichen und betriebsneutralen Ergebnisse bestimmen und abschließend mithilfe der Kostenstellenrechnung Ergebnisse für die beiden Produktgruppen berechnen.“*

Informationen zum Lösen der folgenden Handlungsaufgaben finden Sie im Lehrbuch „Einzelhandel 4.0, 3. Ausbildungsjahr“ in Kapitel 7 des Lernfeldes 11 (Kostenarten und Kostenstellen).

HANDLUNGSAUFGABEN

G
a) **Lesen Sie das Kapitel 11.7 im Schulbuch „Einzelhandel 4.0“ durch.**
b) **Suchen Sie die Begriffe heraus, die Sie nicht verstehen.**
c) **Tragen Sie diese Begriffe in das Glossar am Ende des Arbeitsbuchs ein.**
d) **Klären Sie anschließend diese Begriffe mithilfe Ihrer Mitschülerinnen und Mitschüler sowie Ihrer Lehrerin/ Ihres Lehrers.**
e) **Halten Sie die Erklärung für den jeweiligen Begriff ebenfalls im Glossar am Ende des Arbeitsbuchs fest.**

1. **Welche Fragen muss Stefanie klären?**

2. Stefanie soll sich zunächst einmal grundlegend mit der Kosten- und Leistungsrechnung (KLR) auseinandersetzen.

a) **Erklären Sie mit eigenen Worten, was unter der KLR zu verstehen ist und warum sie durchgeführt wird.**

b) **Nennen Sie drei Unterschiede der KLR zur Finanzbuchführung.**

3. Frau Zuber legt Stefanie nun noch einmal die erstellte GuV vor. Frau Zuber: „Es ist wichtig, dass wir aus der Gewinn- und Verlustrechnung die Kosten und die Leistungen unseres Unternehmens erkennen.“

a) **Erläutern Sie kurz, wodurch sich die Kosten von Aufwendungen und die Leistungen von Erträgen unterscheiden.**

533434

b) **Nehmen Sie die Zuordnung „Kosten", „Leistungen", „neutrale Aufwendungen" und „neutrale Erträge" vor. Finden Sie außerdem jeweils einen geeigneten Begriff für die KLR.**

GuV-Position	Zuordnung	Begriff für die KLR
Aufwendungen für Waren		
Löhne und Gehälter		
Reparaturaufwand		
Mietaufwendungen		
Betriebliche Steuern		
Zinsaufwendungen		
Aufwendungen für Werbung		
Abschreibungen		
Aufwendungen für Treibstoffe		
Aufwendungen für Energie		
Sonstige betr. Aufwendungen		
Spenden		
Umsatzerlöse für Waren		
Erträge aus Beteiligungen		
sonstige Zinserträge		

c) Nachdem Stefanie die betrieblichen und die neutralen Aufwendungen und Erträge ermittelt hat, soll nun das Betriebsergebnis sowie das neutrale Ergebnis festgestellt werden.
Ermitteln Sie das Betriebsergebnis sowie das neutrale Ergebnis.

Betriebsergebnis	Neutrales Ergebnis

4. Frau Zuber möchte das Betriebsergebnis für die beiden Produktgruppen 1 (Anzüge, Jacken, Mäntel) und 2 (Hemden, Pullover, Krawatten, Schuhe) gesondert ausweisen, da dies von der Unternehmensleitung verlangt wird. Hierzu soll eine Kostenstellenrechnung durchgeführt werden.

a) **Erklären Sie, was man unter einer Kostenstelle versteht.**

b) **Beschreiben Sie kurz die Aufgaben der Kostenstellenrechnung.**

c) Frau Zuber hat den Verteilungsschlüssel für die Gemeinkosten der Abteilung „Herrenmode" mitgebracht. Nach diesem Verteilungsschlüssel sollen die Gemeinkosten, aber auch die Leistungen (Umsatzerlöse) verteilt und das Ergebnis ermittelt werden.
Es muss beachtet werden, dass die Summe der Verwaltungskosten ebenfalls auf die beiden Kostenstellen Produktgruppe 1 (Anzüge, Jacken, Mäntel) und Produktgruppe 2 (Hemden, Pullover, Krawatten, Schuhe) verteilt werden muss.

Schlüsselgrößen	Kostenstelle/Abteilung			Gesamt
	Verwaltung	Produktgruppe 1	Produktgruppe 2	
Anteil am Umsatz	0,00 %	60,00 %	40,00 %	100,00 %
Anteil am Wareneinsatz	0,00 %	53,00 %	47,00 %	100,00 %
Mitarbeiterzahl	26	40	20	86
Fläche in m²	80 m²	200 m²	120 m²	400 m²
Fahrkilometer	4.000 km	5.000 km	11.000 km	20.000 km

Verteilen Sie die Leistungen und die Gemeinkosten entsprechend dem oben stehenden Verteilungsschlüssel auf die unten stehenden Kosten und Leistungen der Abteilung „Herrenmode" und bestimmen Sie das Betriebsergebnis der verschiedenen Kostenstellen.

Kosten/Leistungen	Verteilungs-schlüssel	Bereiche			
		Betrieb (gesamt in €)	Abteilungen		
			Verwaltung in €	Produkt-gruppe 1 in €	Produkt-gruppe 2 in €
Leistung (Umsatz)	%	2.500.000,00			
Kosten					
Wareneinsatz	%	1.600.000,00			
Personalkosten	Mitarbeiter	430.000,00			
Reparaturkosten	Umsatz	93.960,00			
Raumkosten	m²	90.000,00			
Betriebssteuern	Umsatz	8.000,00			
Zinsen	Wareneinsatz	29.380,00			
Werbekosten	Umsatz	66.500,00			
Fuhrparkkosten	Fahrkilometer	30.000,00			
Abschreibungen	m²	21.000,00			
Energiekosten	Mitarbeiter	17.000,00			
sonstige Kosten	Umsatz	50.000,00			
Summe (primäre) Kosten		2.435.840,00			
Verteilung Verwaltungs-kosten	Mitarbeiter				
Kosten Produktgruppen					
Ergebnis		**64.160,00**			

d) Stefanie Beyer hat die Betriebsergebnisse für Produktgruppe 1 (Anzüge, Jacken, Mäntel) und Produktgruppe 2 (Hemden, Pullover, Krawatten, Schuhe) ermittelt. Frau Zuber möchte von Stefanie nun wissen, wie diese Ergebnisse zu interpretieren sind bzw. welche Konsequenzen die Ergebnisse haben können.

Interpretieren Sie die Betriebsergebnisse für Produktgruppe 1 (Anzüge, Jacken, Mäntel) und Produktgruppe 2 (Hemden, Pullover, Krawatten, Schuhe).

5. Frau Zuber erklärt Stefanie, dass die Tom Hoss KG jährlich den Handlungskostenzuschlagssatz für jede Abteilung neu berechnet.

Die Gemeinkosten (= Handlungskosten) werden mit dem Handlungskostenzuschlagssatz dem jeweiligen Kostenträger zugerechnet. Der Handlungskostenzuschlagssatz ist das prozentuale Verhältnis von Handlungskosten zu Wareneinsatz (Wareneinsatz → 100 %).

a) **Bestimmen Sie die Handlungskosten und den Handlungskostenzuschlagssatz für die Produktgruppen 1 und 2.**

	Produktgruppe 1	Produktgruppe 2
Summe der Handlungskosten		
Wareneinsatz		
Handlungskostenzuschlagssatz		

b) **Für welche Berechnungen ist der Handlungskostenzuschlagssatz für die Tom Hoss KG von Bedeutung?**

VERTIEFUNGS- UND ANWENDUNGSAUFGABEN

1. Die Tom Hoss KG, Filiale in Köln, hat das nachfolgende Gewinn- und Verlustkonto aufgestellt:

S	Gewinn- und Verlustkonto		H
Aufwend. für Waren	*315.000,00*	*Umsatzerlöse f. Waren*	*712.500,00*
Periodenfr. Aufwend.	*4.500,00*	*Mieterträge*	*33.750,00*
Reparaturen	*6.750,00*	*Zinserträge*	*15.000,00*
Abschr. a. Finanzanl.	*11.250,00*	*Erträge aus Beteilig.*	*11.250,00*
Löhne	*112.500,00*	*Nebenerl. Verm. u. V.*	*13.875,00*
Gehälter	*75.000,00*	*Periodenfr. Erträge*	*5.250,00*
Verl. verk. Vermög.-G.	*9.750,00*		
Gewerbesteuer	*18.750,00*		
Aufwend. für Energie	*60.000,00*		
Reisekosten	*34.500,00*		
Zinsaufwendungen	*7.500,00*		
Außerord. Aufwend.	*45.000,00*		
Fremdinstandsetzung	*9.000,00*		
Verluste aus Schadensfällen	*21.000,00*		
Aufwend. für Werbung	*29.250,00*		
Büromaterial	*8.250,00*		
Eigenkapital	*23.625,00*		
	791.625,00		*791.625,00*

Unternehmensergebnis: *23.625,00 € Gewinn*

a) **Berechnen Sie:**
- **die Kosten und Leistungen,**
- **das Betriebsergebnis,**
- **die neutralen Aufwendungen und die neutralen Erträge,**
- **das neutrale Ergebnis.**

Kosten

		€
	Aufwendungen für Waren	315.000,00
+		
+		
+		
+		
+		
+		
+		
+		
+		
+		
	gesamt	

Leistungen: gesamt ______

533438

Neutrale Aufwendungen

		€
+		
+		
+		
+		
	gesamt	

Neutrale Erträge

		€
+		
+		
+		
+		
	gesamt	

S	Gewinn- und Verlustkonto	H

- Betriebsergebnis (in €):

- Neutrales Ergebnis (in €):

2. Welche Aufgabe hat die Kosten- und Leistungsrechnung bei der Tom Hoss KG?

	Es werden streng die handelsrechtlichen Vorschriften, z. B. des HGB, berücksichtigt.
	Es werden fortlaufend und lückenlos alle Geschäftsfälle aufgezeichnet.
	Es wird das Betriebsergebnis ermittelt.
	Sie gibt einen Überblick über Vermögen, Schulden und Erfolgslage.
	Die KLR dient der Information von Eigentümern, Kreditinstituten und der Öffentlichkeit.

3. Sie erstellen eine Ergebnistabelle für die Tom Hoss KG. Welcher Posten der Buchhaltung wird bei der Kosten- und Leistungsrechnung als Kostenart berücksichtigt?

	Der Wareneinsatz
	Privatentnahme in Geld
	Die Umsatzsteuerzahllast
	Die Rückzahlung eines Darlehens
	Die Anschaffungskosten für einen Lkw

4. Welche Aufwendungen der Tom Hoss KG sind Kosten?

	Periodenfremde Aufwendungen für frühere Jahre
	Betriebsfremde Aufwendungen
	Außerordentliche Aufwendungen i. S. § 277 HGB
	Gesetzliche soziale Aufwendungen
	Zinsen und ähnliche Aufwendungen

5. Welche Aussage zur Kosten- und Leistungsrechnung der Tom Hoss KG ist richtig?

	Ein Betriebsgewinn wird erzielt, wenn die Leistungen eines Einzelhandelsbetriebs kleiner sind als die Kosten.
	Neutrale Aufwendungen sind Kosten.
	Eigenverbrauch ist eine Kostenart im Sinne der Kosten- und Leistungsrechnung.
	Kosten sind der wertmäßige Verbrauch an Gütern und Dienstleistungen eines Betriebs während einer Abrechnungsperiode.
	Betriebsfremde Aufwendungen sind Kosten.
	Neutrale Erträge werden in die Kosten- und Leistungsrechnung übernommen, da es sich um Leistungen handelt.

6. Erläutern Sie den Unterschied zwischen Einzelkosten und Gemeinkosten mit eigenen Worten.

	Erläuterung
Einzelkosten	
Gemeinkosten	

7. Die Tom Hoss KG will betriebliche Kennzahlen verschiedener Warengruppen vergleichen.
Wie hoch sind die einzelnen Handlungskostenzuschlagssätze in Prozent?

Bestellmenge	Warengruppe 1	Warengruppe 2	Warengruppe 3
Lagerbestand	75.000,00 €	75.000,00 €	75.000,00 €
Wareneinsatz	375.000,00 €	475.000,00 €	550.000,00 €
Handlungskosten	275.000,00 €	275.000,00 €	275.000,00 €
Handlungskostensatz			

Zur weiteren Vertiefung der Lerninhalte und Sicherung der Lernergebnisse empfehlen wir die Bearbeitung der Aufgaben in Kapitel 7 des Lernfeldes 11 (Kostenarten und Kostenstellen) Ihres Lehrbuches „Einzelhandel 4.0, 3. Ausbildungsjahr“.

533440

6 Kennzahlenanalyse

HANDLUNGSSITUATION

Tom Hoss, Komplementär bei der Tom Hoss KG, ist in der Vorbereitung auf das Jahresgespräch mit der Leitung der anderen Filialen des Konzerns. Bei diesem Treffen soll es vor allem darum gehen, wie die schnelllebige Entwicklung auf dem Sportartikelmarkt für die Tom Hoss KG genutzt werden kann.

Daher hat Herr Hoss der Abteilung Rechnungswesen den Auftrag gegeben, verschiedene Kennzahlen der Abteilung „Sportschuhe" aus dem vergangenen Jahr aufzubereiten. Es ist das Ziel, Unternehmensvergleiche zu anderen Filialen und zur gesamten Branche durchzuführen.

Frau Zuber hat bereits die relevanten Daten aus dem vergangenen Jahr herausgesucht. Neben den Daten der Abteilung „Sportschuhe" der Filiale im SWZ Berlin sind das auch noch die Daten der „Outdoor-Kleidung" der Filiale im SWZ, der Abteilung „Sportschuhe" der Filiale in Köln und die veröffentlichten Daten der Firma Agilita AG, dem Hauptmitbewerber im Bereich Sportartikel.

	Filiale SWZ Berlin		Filiale Köln	Agilita AG
	Sportschuhe	Outdoor-Kleidung	Sportschuhe	Sportschuhe
Umsatzerlöse	2.500.000,00 €	475.000,00 €	12.350.000,00 €	22.145.000,00 €
Wareneinsatz	1.600.000,00 €	225.000,00 €	8.235.000,00 €	16.442.000,00 €
übrige betriebliche Aufwendungen	835.840,00 €	192.000,00 €	3.983.000,00 €	5.268.000,00 €
darin enthalten				
– Zinsaufwendungen	29.380,00 €	12.450,00 €	125.000,00 €	335.000,00 €
– Abschreibungen	21.000,00 €	8.500,00 €	89.250,00 €	210.450,00 €
Fremdkapital	1.475.000,00 €	834.500,00 €	6.745.000,00 €	17.885.000,00 €
Eigenkapital	585.000,00 €	245.000,00 €	1.350.000,00 €	6.050.000,00 €
Anzahl der Mitarbeitenden	34	12	185	386

Herr Hoss möchte folgende Kennzahlen bekommen:
- Eigenkapital-, Gesamtkapital- und Umsatzrentabilität,
- Cashflow-Umsatzrate,
- Wirtschaftlichkeit und
- Arbeitsproduktivität.

Frau Zuber und Stefanie werden mit der Aufbereitung dieser Daten beauftragt. Wichtig sind Herrn Hoss auch die Erläuterungen der einzelnen Kennzahlen bezüglich ihrer Bedeutung.

Informationen zum Lösen der folgenden Handlungsaufgaben finden Sie im Lehrbuch „Einzelhandel 4.0, 3. Ausbildungsjahr" in Kapitel 8 (Kennzahlenanalyse) des Lernfeldes 11.

HANDLUNGSAUFGABEN

G
- a) **Lesen Sie das Kapitel 11.8 im Schulbuch „Einzelhandel 4.0“ durch.**
- b) **Suchen Sie die Begriffe heraus, die Sie nicht verstehen.**
- c) **Tragen Sie diese Begriffe in das Glossar am Ende des Arbeitsbuchs ein.**
- d) **Klären Sie anschließend diese Begriffe mithilfe Ihrer Mitschülerinnen und Mitschüler sowie Ihrer Lehrerin/Ihres Lehrers.**
- e) **Halten Sie die Erklärung für den jeweiligen Begriff ebenfalls im Glossar am Ende des Arbeitsbuchs fest.**

1. **Welche Fragen muss Stefanie klären?**

2. Die Unternehmenskennzahlen der Tom Hoss KG sind ein Planungs- und Kontrollinstrument.

Geben Sie an, was bei der Analyse der Kennzahlen zu beachten ist.

3. Frau Zuber und Stefanie wollen nun auf Basis der im Einstieg dargestellten Daten die von Herrn Hoss geforderten Kennzahlen berechnen.

a) **Stellen Sie die allgemeine Formel zur Berechnung der Eigenkapitalrentabilität, der Gesamtkapitalrentabilität, der Umsatzrentabilität, der Cashflow-Umsatzrate, der Wirtschaftlichkeit und der Arbeitsproduktivität in der unten stehenden Tabelle auf.**

b) **Bestimmen Sie die jeweiligen Kennziffern für die angegebenen Filialen bzw. Unternehmen und tragen Sie die Ergebnisse in die unten stehende Tabelle ein.**

Kennzahl	Allgemeine Formel	Filiale SWZ Berlin		Filiale Köln	Agilita AG
		Sportschuhe	Outdoor-Kleidung	Sportschuhe	Sportschuhe
EK-Rentabilität					
GK-Rentabilität					
U-Rentabilität					
Cashflow-Umsatzrate					
Wirtschaftlichkeit					
Arbeitsproduktivität					

533442

4. Herr Hoss ist vor allem daran interessiert, die Kennzahlen der Abteilung „Sportschuhe“ zwischen verschiedenen Filialen zu vergleichen, einen Vergleich zu einer anderen Branche herzustellen und auch den Vergleich mit einem relevanten Mitbewerber durchzuführen. Außerdem soll ein Zeitvergleich der Abteilung „Sportschuhe“ in der Filiale im SWZ zum Vorjahr durchgeführt werden.

Kennzahl	Filiale SWZ, Berlin
	Abteilung Sportschuhe
Umsatzerlöse	2.300.000,00 €
Wareneinsatz	1.475.000,00 €
Übrige betriebliche Aufwendungen darin enthalten – Zinsaufwendungen – Abschreibungen	807.380,00 € 27.900,00 € 19.000,00 €
Fremdkapital	1.375.360,00 €
Eigenkapital	514.640,00 €
Anzahl der Mitarbeiter	29

a) **Ermitteln Sie die in der unten stehenden Tabelle angegebenen Kennzahlen des Vorjahres der Abteilung „Sportschuhe“ der Filiale im SWZ.**

Kennzahl	Filiale SWZ
	Abteilung Sportschuhe
EK-Rentabilität	
GK-Rentabilität	
U-Rentabilität	
Cashflow-Umsatzrate	
Wirtschaftlichkeit	
Arbeitsproduktivität	

b) **Interpretieren Sie die Bedeutung und die Ergebnisse der Eigenkapitalrentabilität.**

c) **Interpretieren Sie die Bedeutung und die Ergebnisse der Gesamtkapitalrentabilität.**

d) **Interpretieren Sie die Bedeutung und die Ergebnisse der Umsatzrentabilität.**

e) **Interpretieren Sie die Bedeutung und die Ergebnisse der Cashflow-Umsatzrate.**

533444

f) **Interpretieren Sie die Bedeutung und die Ergebnisse der Wirtschaftlichkeit.**

g) **Interpretieren Sie die Bedeutung und die Ergebnisse der Arbeitsproduktivität.**

5. Nach der Interpretation der verschiedenen Kennzahlen wollen Frau Zuber und Stefanie nun die wesentlichen Ergebnisse in einer kleinen Übersicht für Herrn Hoss zusammenfassen und darstellen.
Fassen Sie die wesentlichen Ergebnisse und mögliche Maßnahmen der vier Bereiche stichpunktartig zusammen.

Unternehmen/Filiale	Zusammenfassung
Abteilung „Sportschuhe" im SWZ Berlin	
Abteilung „Outdoor-Kleidung" im SWZ Berlin	

Unternehmen/Filiale	Zusammenfassung
Abteilung „Sportschuhe" in der Filiale Köln	
Agilita AG	

6. Frau Zuber und Stefanie wollen nun die Ergebnisse der Kennzahlenanalyse grafisch darstellen.

a) **Stellen Sie die drei Rentabilitätskennzahlen des vergangenen Jahres sowie die Cashflow-Umsatzrate in einem gruppierten Säulendiagramm dar.**

b) **Stellen Sie die drei Rentabilitätskennzahlen sowie die Cashflow-Umsatzrate des vergangenen Jahres und des Vorjahres für die Abteilung „Sportschuhe" der Filiale im SWZ Berlin in einem gruppierten Säulendiagramm dar.**

533446

VERTIEFUNGS- UND ANWENDUNGSAUFGABEN

1. Stefanie will für die Tom Hoss KG mehrere betriebliche Kennzahlen berechnen. **Welche Daten benötigt sie zur Berechnung der Eigenkapitalrentabilität?**

	Wareneinsatz, Gewinn
	Gewinn, Eigenkapital
	Warenumsatz, Eigenkapital
	Aufwand, Kosten, Eigenkapital
	Fremdkapital, Gewinn

2. Wie kann man den Begriff „Rentabilität“ kurz umschreiben?

	Abschluss günstiger Einkaufskonditionen
	Sortimentsoptimierung durch Sortimentserweiterung
	Die Verzinsung des im Unternehmen eingesetzten Kapitals
	Die Abstimmung von Ökonomie und Ökologie
	Effiziente Ausweitung des Kapitals

3. Welches wirtschaftliche Ziel verfolgt die Tom Hoss KG mit einer guten Rentabilität?

	Die Verkaufspreise sollen alle Kosten decken.
	Das eingesetzte Kapital soll sich möglichst hoch verzinsen.
	Die Erträge sollen die Aufwendungen möglichst nicht überschreiten.
	Die gekauften Waren sollen einen möglichst hohen Ertrag erwirtschaften.
	Das Verhältnis von Kosten zu Umsatz soll möglichst hoch sein.

4. Berechnen Sie die Eigenkapitalrentabilität, die Gesamtkapitalrentabilität und die Umsatzrentabilität der Abteilung „Damenmode“ der Tom Hoss KG aus den folgenden Zahlen.

Unternehmergewinn	452.000,00 €
Eigenkapital	3.465.000,00 €
Zinsen für Fremdkapital	35.250,00 €
Fremdkapital	5.365.000,00 €
Verkaufserlöse, netto	4.520.000,00 €

EK-Rentabilität =	
GK-Rentabilität =	
U-Rentabilität =	

5. Wie wird der Begriff „Unternehmerrentabilität“ auch bezeichnet?

	Eigenkapitalrentabilität
	Unternehmerlohn
	Gesamtkapitalrentabilität
	Fremdkapitalrentabilität
	Prozentualer Anteil des Unternehmergewinns am Gesamtumsatz

6. Welcher Ansatz zur Ermittlung der Gesamtkapitalrentabilität ist zutreffend?

	Reingewinn : Eigenkapital · 100
	Reingewinn : Nettoumsatz · 100
	Ertrag : Aufwand · 100
	(Reingewinn + Zinsaufwand) : (Eigenkapital + Fremdkapital · 100)
	(Reingewinn + Zinsaufwand) : (Eigenkapital + Fremdkapital) · 100

7. In der Buchhaltung der Tom Hoss KG wurden für den Jahresabschluss folgende Werte ermittelt:

Wareneinsatz	2.400.000,00 €
Kosten	1.200.000,00 €
Verkaufserlöse (netto)	3.880.000,00 €

Wie hoch ist die Unternehmerrentabilität, wenn das eingesetzte Eigenkapital 2.500.000,00 € beträgt?

U-Rentabilität =	

8. Lars Panning arbeitet gerade in der Möbelabteilung der XL Möbelhaus AG. Ein Lieferant, die Möbelwerke Unger aus Hannover, hat gerade seine Produktivität steigern können. **Was kann der Grund für die Produktivitätssteigerung sein?**

	Aufgrund der Urlaubszeit wurden zusätzliche Arbeitskräfte eingestellt.
	Die Zahlung eines Urlaubsgeldes hat zu einer erhöhten Mitarbeitermotivation geführt.
	Es ist weniger Kapital an das Anlagevermögen gebunden.
	Die Produktion wird durch erhöhten Maschineneinsatz bewältigt.
	Das Verlagern von Produktionsschritten auf andere Kleinbetriebe macht Arbeitsabläufe übersichtlicher.

9. Dem Jahresabschluss der Tom Hoss KG sind folgende Zahlen zu entnehmen:

	Warenwelt Textil	Warenwelt Haushaltswaren
Umsatz in Euro	4.250.000,00 €	4.800.000,00 €
Mitarbeitende	34	60
Verkaufsfläche	1.350 m²	2.800 m²

Um wie viel Euro liegt der Umsatz pro Mitarbeiter bzw. Mitarbeiterin im Textilbereich höher als der in der Abteilung Haushaltswaren?

10. Wie wird der Begriff Wirtschaftlichkeit richtig dargestellt?

Wirtschaftlichkeit bedeutet, dass ...

	... ein Betrieb mit geringstem Aufwand arbeitet (Minimalprinzip).
	... der erzielte Ertrag mit dem Aufwand in Beziehung gesetzt wird.
	... die Umsätze mit unbegrenzten Mitteln erreicht werden (Maximalprinzip).
	... die Sozialleistungen eines Betriebs kostenbewusst gehalten sind.
	... das Eigenkapital eines Betriebs größer ist als das Fremdkapital.

Zur weiteren Vertiefung der Lerninhalte und Sicherung der Lernergebnisse empfehlen wir die Bearbeitung der Aufgaben in Kapitel 8 (Kennzahlenanalyse) des Lernfeldes 11 Ihres Lehrbuches „Einzelhandel 4.0, 3. Ausbildungsjahr".

533448

7 Auswertung von Geschäftsprozessen mithilfe EDV-gestützter Warenwirtschaftssysteme und des Rechnungswesens

HANDLUNGSSITUATION

Die Kommanditisten der Tom Hoss KG in Berlin, Bertholt Beier und Julia Hoss, benötigen zum Ende des Jahres mehrere Auswertungen zu verschiedenen Tätigkeiten, um hieraus Strategien für die Zukunft des Unternehmens ableiten zu können. In einer Sitzung sind neben den Leitern von fünf Funktionsbereichen auch aus der Abteilung Rechnungswesen Frau Zuber und die Auszubildende Stefanie Beyer eingeladen, damit sie die von der Geschäftsleitung geforderten Daten mithilfe des Warenwirtschaftssystems aufbereiten können.

Preiskalkulation

Herr Beier hat neueste Marktforschungsberichte vorliegen, aus denen hervorgeht, dass bei besseren Angebotspreisen der Absatz bestimmter Artikel erhöht werden kann. Der Funktionsbereich Beschaffung (Herr Otte) soll sich daher um neue Lieferanten bemühen, die bessere Einkaufpreise bei den aussichtsreichen Artikeln bieten können.

Einkaufsauswertung

In Kürze stehen die Jahresgespräche mit einigen Lieferanten an. Herr Beier und Herr Deimann, der Leiter des Funktionsbereichs Beschaffung, werden dabei mit dem Lieferanten Textila AG Verhandlungen führen, um Preise, Lieferkonditionen und Ähnliches für das neue Jahr festzulegen. Dazu werden verschiedene Informationen benötigt.

Umsatzauswertung

Frau Hoss beauftragt Herrn Bingöl, Leiter des Funktionsbereichs Lager, sich die Umsatzstatistiken genauer anzusehen. Aus dieser Statistik soll er der Geschäftsleitung Vorschläge machen, wie das Lager ökonomischer arbeiten kann.

Die beiden Abteilungsleiter Herr Deimann und Herr Bingöl treten an Frau Zuber und Stefanie heran, weil diese den Abteilungsleitern bei der Aufbereitung der geforderten Daten helfen sollen.

Informationen zum Lösen der folgenden Handlungsaufgaben finden Sie im Lehrbuch „Einzelhandel 4.0, 3. Ausbildungsjahr" in Kapitel 9 (Auswertung von Geschäftsprozessen mithilfe EDV-gestützter Warenwirtschaftssysteme und des Rechnungswesens) des Lernfeldes 11.

HANDLUNGSAUFGABEN

G a) **Lesen Sie das Kapitel 11.9 im Schulbuch „Einzelhandel 4.0" durch.**
b) **Suchen Sie die Begriffe heraus, die Sie nicht verstehen.**
c) **Tragen Sie diese Begriffe in das Glossar am Ende des Arbeitsbuchs ein.**
d) **Klären Sie anschließend diese Begriffe mithilfe Ihrer Mitschülerinnen und Mitschüler sowie Ihrer Lehrerin/Ihres Lehrers.**
e) **Halten Sie die Erklärung für den jeweiligen Begriff ebenfalls im Glossar am Ende des Arbeitsbuchs fest.**

1. Welche Fragen muss Stefanie klären?

____

____

____

2. Marktanalysen der Tom Hoss KG haben ergeben, dass bei einem um 10 % günstigeren Verkaufspreis deutlich mehr Sneaker-Söckchen abgesetzt werden können. Daher muss der Bezugspreis gesenkt werden. Die bisherigen Lieferanten PAGRO AG sowie Martin Kaiser sind nicht bereit, den Angebotspreis zu senken. Es liegen noch zwei weitere Angebote von der Müller KG und von Meyermann e. K. vor.

	Müller KG	Meyermann e. K.
Listeneinkaufspreis	1,45 €	1,65 €
Mengenabh. Rabatt	8 %	20 %
Skonto	3 % innerhalb von 10 Tagen	netto Kasse

a) Die Bezugspreise für die PAGRO AG und Martin Kaiser hat Stefanie bereits aus dem WWS entnommen. **Kalkulieren Sie die Bezugspreise für die neuen Anbieter und ermitteln Sie den günstigsten Lieferanten.**

	%	Pagro AG	%	Martin Kaiser	%	Müller KG	%	Meyermann e. K.
Listeneinkaufspreis		1,50 €		1,40 €				
– Lieferantenrabatt	10	0,15 €	0	– €				
Zieleinkaufspreis		1,35 €		1,40 €				
– Lieferantenskonto	2	0,03 €	2	0,03 €				
Bareinkaufspreis		1,32 €		1,37 €				
+ Bezugskosten		– €		– €				
= Bezugspreis		1,32 €		1,37 €				

Der günstigste Lieferant ist ____________

b) Nun soll Stefanie den Ladenpreis für den günstigsten Lieferanten und für den bisherigen Lieferanten PAGRO AG ermitteln. **Ermitteln Sie auf Basis der in der nachfolgenden Tabelle stehenden Größen den neuen Ladenpreis für die Sneaker-Söckchen.**

	%	PAGRO AG	Müller KG
Bezugspreis		1,32 €	
+ Handlungskosten	50		
= Selbstkostenpreis			
+ Gewinn	10		
= Barverkaufspreis			
+ Kundenskonto	2		
= Zielverkaufspreis			
+ Kundenrabatt	28,57		
= Nettoverkaufspreis			
+ USt.			
= Ladenpreis			

533450

c) **Wie hoch ist die tatsächliche Preissenkung? Ist das Ziel einer 10-prozentigen Senkung des Ladenpreises erreicht?**

3. Herr Beier und Herr Deimann wollen ein Jahresgespräch mit dem Lieferanten Textila AG (Lieferanten-Nr. 22007) führen. Daher haben Frau Zuber und Stefanie von allen Artikeln, die die Textila AG liefert, nachfolgende Informationen aus dem Warenwirtschaftssystem zusammengestellt:

	Benötigte Menge	Eingekaufte Menge Textila AG[1]	Nettoeinkaufspreis Textila AG[1]	Nettoverkaufspreis Tom Hoss KG[1]	Umsatz mit Textila AG	
					€	%
Damenbluse „Emilia Dutti“	950	950	44,69 €	133,34 €		
Baseballcaps „Winner“	1500	300	23,00 €	55,61 €		
Tank-Top „Ribby“	630	0	4,12 €	9,82 €		
Söckchen „Glitzer“	1950	1950	1,21 €	4,40 €		
Armreif „Elegance“	5000	1400	0,98 €	2,14 €		
Sneaker-Söckchen	2000	1820	1,21 €	4,40 €		
				Gesamt %		

a) **Bestimmen Sie die mit der Firma Textila AG im vergangenen Jahr getätigten Umsätze, indem Sie diese in die entsprechende Spalte eintragen.**

b) **Nennen Sie stichpunktartig vier Auffälligkeiten in der oben stehenden Statistik, die Herr Beier und Herr Deimann beim anstehenden Jahresgespräch berücksichtigen sollten.**

c) **Formulieren Sie Ihre Schlussfolgerungen/Empfehlungen, die Sie Herrn Beier und Herrn Deimann bezüglich Ihrer vier in b) genannten Auffälligkeiten mit auf den Weg geben würden.**

1 Werte des vergangenen Jahres

4. Das Warenwirtschaftssystem kann aus den Ergebnissen der Umsatzanalyse sogenannte „Renner- und Pennerlisten" erstellen. Frau Zuber und Stefanie haben die „Renner" und die „Penner" ermittelt und in den unten stehenden Auszügen zusammengestellt:

Renner

Artikel	GTIN	Umsatz	Rohertrag	VK-Preis	EK-Preis
Sneaker-Söckchen	4022004141097	1.007.500,00 €	573.500,00 €	3,25 €	1,40 €
Jogginganzug	4024010404180	706.500,00 €	431.750,00 €	45,00 €	17,50 €
Badeshorts „Beach"	4021003131061	779.213,00 €	430.773,00 €	27,73 €	12,40 €
Baseballcap „Winner"	4021002125016	617.271,00 €	361.971,00 €	55,61 €	23,00 €
Boxershorts „Bill"	4022005252068	493.768,00 €	312.768,00 €	27,28 €	10,00 €

Penner

Artikel	GTIN	Umsatz	Rohertrag	VK-Preis	EK-Preis
Schmuckring „Silver"	4002720002292	– €	– €	1,72 €	1,40 €
Ohrclip „Lucky"	4035641978643	– €	– €	0,76 €	0,35 €
Haarband „Easy"	4045678876546	860,00 €	485,00 €	1,72 €	0,75 €
Herrensocken 2-teilig	4023008383117	13.600,00 €	9.500,00 €	13,60 €	4,10 €
Söckchen „Glitzer"	4021003131085	26.400,00 €	15.900,00 €	4,40 €	1,75 €

a) **Warum ist es wichtig, die „Penner" im Sortiment zu erkennen?**

b) **Nennen Sie drei Maßnahmen, die ergriffen werden können, um die Situation der „Penner"-Artikel zu verbessern.**

c) **Geben Sie mit kurzer Begründung konkrete Maßnahmen an, die Sie im vorliegenden Sachverhalt ergreifen würden.**

533452

VERTIEFUNGS- UND ANWENDUNGSAUFGABEN

1. Die Tom Hoss KG möchte ein neues EDV-gestütztes Warenwirtschaftssystem einführen. **Welche Vorteile ergeben sich für das Unternehmen durch dieses WWS?**

	Die Lieferzeiten werden verkürzt und Kapital gebunden.
	Wartezeiten der Kundinnen und Kunden vor den Kassen werden verkürzt.
	Es gibt tägliche Informationen zu Inventurdifferenzen.
	Es gibt einen schnellen Zugriff auf wichtige Daten sowie artikelgenaue und aktuelle Informationen.
	Der Mindestbestand wird aktuellen Umsatzzahlen automatisch angepasst.

2. Frau Zuber und Stefanie von der Tom Hoss KG arbeiten mit einem Warenwirtschaftssystem. **Welche Information können sie durch dieses System nicht ermitteln?**

	Kundenzufriedenheit
	Soll-Bestand eines Pullovers mit einer speziellen Farbe
	Schwer verkäufliche Artikel
	Meldebestand mit Hinweis, dass nachbestellt werden muss
	Umsatzstatistik für einen bestimmten Tag

3. Das Warenwirtschaftssystem liefert der Tom Hoss KG eine Umsatz-Rennerliste. **Welches Ziel verfolgt die Geschäftsleitung mit der Analyse dieser Daten?**

	Die Geschäftsleitung erkennt so, was sich bei der Konkurrenz gut verkauft hat.
	Die Geschäftsleitung erkennt so direkt den Artikel mit der höchsten Handelsspanne.
	Die Geschäftsleitung sieht direkt, welcher Lieferant den günstigsten Einkaufspreis bietet.
	Die Geschäftsleitung erkennt die Konjunkturentwicklung bei bestimmten Branchenartikeln.
	Die Geschäftsleitung kann besser auf den benötigten Bedarf reagieren und rechtzeitig nachbestellen.

4. Stefanie Beyer von der Tom Hoss KG hat bei der Stichtagsinventur einen Ist-Bestand beim Artikel „Armreif Elegance" in Höhe von 20 Stück festgestellt. Das Warenwirtschaftssystem weist einen Soll-Bestand von 25 Stück aus. **Aus welchem Grund könnte der tatsächliche Bestand niedriger sein als der durch das Warenwirtschaftssystem ausgewiesene Soll-Bestand?**

	Beim Kassieren wurden versehentlich Armreifen doppelt als Abgang erfasst.
	Es hat eine Änderung des Meldebestands während des Jahres gegeben.
	Es wurde versehentlich ein Wareneingang von Armreifen als Ohrclips erfasst.
	Eine Retour von fehlerhaften Armreifen zum Lieferanten wurde nicht erfasst.
	Die Umschlagshäufigkeit des Artikels „Armreif Elegance" hat sich um 5 erhöht.

Zur weiteren Vertiefung der Lerninhalte und Sicherung der Lernergebnisse empfehlen wir die Bearbeitung der Aufgaben in Kapitel 9 (Auswertung von Geschäftsprozessen mithilfe EDV-gestützter Warenwirtschaftssysteme und des Rechnungswesens) des Lernfeldes 11 Ihres Lehrbuches „Einzelhandel 4.0, 3. Ausbildungsjahr".

8 Absatzpolitische Entscheidungen auf der Grundlage der Deckungsbeitragsrechnung

HANDLUNGSSITUATION

Julia Hoss, Leiterin des Funktionsbereichs Marketing/Verkauf, kommt in die Abteilung Rechnungswesen. Sie möchte gern eine genauere Aufstellung der Deckungsbeiträge über vier verschiedene Sportschuhe, die in der Abteilung „Sportartikel" im abgelaufenen Geschäftsjahr verkauft wurden (Laufschuh „Eliud Pro", Fußballschuh „Ressi", Indoor-Schuh „Carolina" und Hallenschuh „Spardidas").

Die Abteilung weist bei den Sportschuhen zwar einen Gesamtgewinn in Höhe von 4.610,00 € aus, Frau Hoss möchte aber wissen, wie hoch die Deckungsbeiträge der einzelnen Artikel sind und ob eventuell absatzpolitische Entscheidungen getroffen werden müssen, um diesen Deckungsbeitrag zu erhöhen.

Frau Zuber hat folgende Informationen bereitgestellt:

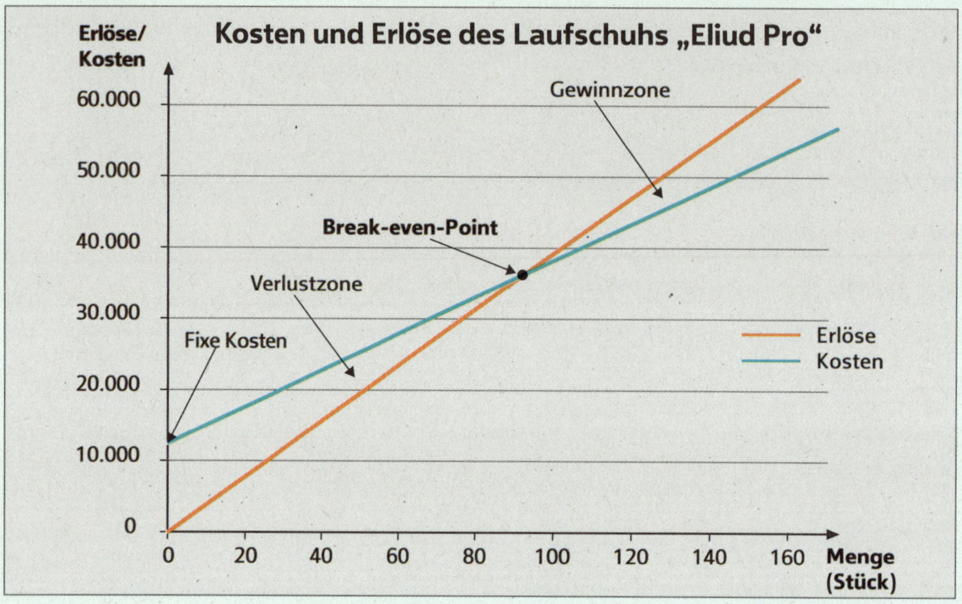

Verkaufsmenge	Artikel	Verkaufspreis	Wareneinsatz	variable Stückkosten	fixe Kosten
140	Laufschuh „Eliud Pro"	395,00 €/St.	210,00 €/St.	55,00 €	12.000,00 €
540	Fußballschuh „Ressi"	175,00 €/St.	74,50 €/St.	56,50 €	19.500,00 €
650	Indoor-Schuh „Carolina"	80,00 €/St.	40,00 €/St.	24,00 €	11.500,00 €
250	Hallenschuh „Spardidas"	50,00 €/St.	45,00 €/St.	10,00 €	3.500,00 €

Frau Zuber und Stefanie bekommen nun den Auftrag, für Frau Hoss die oben stehende Grafik näher zu erläutern und die Deckungsbeiträge für diese vier Artikel für das vergangene Jahr aufzustellen.

Informationen zum Lösen der folgenden Handlungsaufgaben finden Sie im Lehrbuch „Einzelhandel 4.0, 3. Ausbildungsjahr" in Kapitel 10 (Absatzpolitische Entscheidungen auf der Grundlage der Deckungsbeitragsrechnung) des Lernfeldes 11.

533454

HANDLUNGSAUFGABEN

G a) **Lesen Sie das Kapitel 11.10 im Schulbuch „Einzelhandel 4.0“ durch.**
b) **Suchen Sie die Begriffe heraus, die Sie nicht verstehen.**
c) **Tragen Sie diese Begriffe in das Glossar am Ende des Arbeitsbuchs ein.**
d) **Klären Sie anschließend diese Begriffe mithilfe Ihrer Mitschülerinnen und Mitschüler sowie Ihrer Lehrerin/Ihres Lehrers.**
e) **Halten Sie die Erklärung für den jeweiligen Begriff ebenfalls im Glossar am Ende des Arbeitsbuchs fest.**

1. **Welche Fragen muss Stefanie klären?**

____

____

____

____

____

2. Der Laufschuh „Eliud Pro“ ist im vergangenen Jahr zu einem Verkaufspreis von 395,00 € verkauft worden. Die fixen Kosten betrugen 12.000,00 € für diesen Artikel und die variablen Kosten (Wareneinsatz + variable Handlungskosten) insgesamt 265,00 €. Der Sachverhalt ist grafisch in der Handlungssituation dargestellt.

a) **Wie könnte man die Erlöse (= Umsätze) und die Kosten als Funktionsgleichung darstellen?**

Erlösfunktion = Preis · Menge, hier: E(x) = ______________

Kostenfunktion = variable Kosten · Menge + fixe Kosten, hier: K(x) = ______________

b) Der Break-even-Punkt gibt die Verkaufsmenge an, ab der ein Unternehmen Gewinn macht. **Lesen Sie die verkaufte Menge aus der Grafik ab und bestimmen Sie den Wert rechnerisch auf Basis von a).**

____

____

____

____

____

____

c) **Wie hoch wäre der Verlust für den Laufschuh „Eliud Pro“, wenn die Tom Hoss KG diesen Artikel gar nicht verkaufen würde?**

____

d) **Worin unterscheiden sich grundsätzlich variable von fixen Kosten? Nennen Sie dabei auch je drei mögliche Beispiele für den Laufschuh „Eliud Pro".**

Variable Kosten

Fixe Kosten

3. Frau Hoss und Frau Zuber wollen nun die Deckungsbeiträge für die verschiedenen Artikel berechnen.

a) **Beschreiben Sie den Begriff „Deckungsbeitrag" in eigenen Worten.**

b) Mit einer buchtechnischen Kostenspaltung sind Fixkosten für die vier verschiedenen Sportschuhe in Höhe von 46.500,00 € ermittelt worden.
Ermitteln Sie die Deckungsbeiträge pro Stück, pro Artikel und insgesamt für das vergangene Jahr sowie den Gewinn.

	Laufschuh „Eliud Pro"		Fußballschuh „Ressi"		Indoor-Schuh „Carolina"		Hallenschuh „Spardidas"		Gesamt
	Gesamt-rechnung	Stück-rechnung	Gesamt-rechnung	Stück-rechnung	Gesamt-rechnung	Stück-rechnung	Gesamt-rechnung	Stück-rechnung	
Umsatzerlöse									
– Wareneinsatz									
= Rohgewinn									
– variable Handlungskosten									
= Deckungsbeitrag									
– fixe Kosten									
= Gewinn									

4. Frau Hoss bekommt nun die Berechnung der Deckungsbeiträge auf den Tisch.

a) **Formulieren Sie begründete Empfehlungen bezüglich der einzelnen Laufschuhe für Frau Hoss.**

Drucker	Empfehlung
Laufschuh „Eliud Pro"	
Fußballschuh „Ressi"	

533456

Drucker	Empfehlung
Indoor-Schuh „Carolina“	
Hallenschuh „Spardidas“	

b) Frau Zuber erklärt Stefanie, dass die Deckungsbeitragsrechnung auch Probleme mit sich bringt. Sie sagt, dass kurzfristige Entscheidungen aufgrund der Deckungsbeitragsrechnung langfristig falsch sein können. **Nehmen Sie am Beispiel des Indoor-Schuhs „Carolina“ Stellung zu dieser Aussage.**

VERTIEFUNGS- UND ANWENDUNGSAUFGABEN

1. Erläutern Sie zwei Probleme, die bei der Deckungsbeitragsrechnung (Teilkostenrechnung) entstehen können.

2. Stefanie Beyer möchte für die Tom Hoss KG mithilfe der Deckungsbeitragsrechnung die kurzfristige Verkaufspreis-Untergrenze bestimmen. **Wie geht sie dabei vor?**

	Es werden alle variablen Kosten eines Artikels ermittelt.
	Es werden alle Kosten pro Stück eines Artikels ermittelt.
	Es werden alle Gemeinkosten eines Artikels ermittelt.
	Es werden alle fixen Kosten eines Artikels ermittelt.
	Es werden alle Einzelkosten eines Artikels ermittelt.

3. Ordnen Sie den folgenden Begriffen eine Ziffer aus der Grafik zu.

Begriff	Ziffer
Kostenfunktion	
Verlustzone	
Break-even-Point	
Gewinnzone	
Fixe Kosten	
Erlösfunktion	

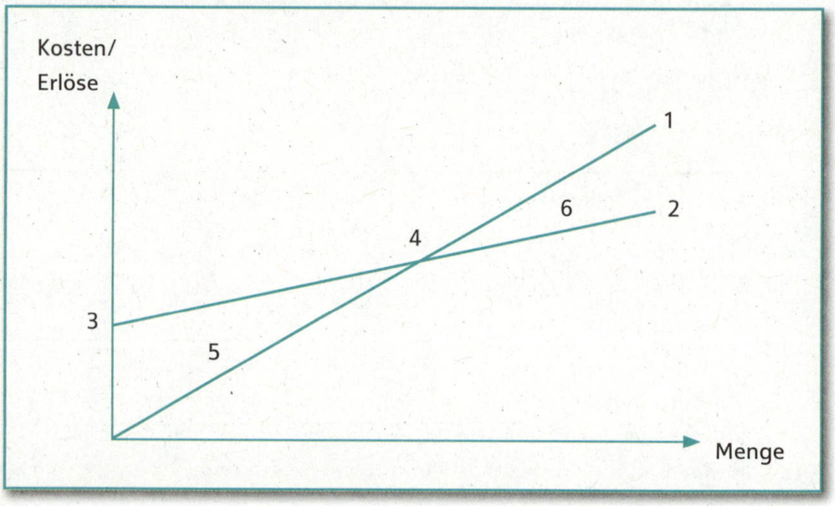

4. Welche Kosten sind für die Tom Hoss KG fixe Kosten?

	Frachtkosten
	Telefonkosten
	Geschäftsraummiete
	Gewerbesteuer
	Einkommensteuer

5. Bei der Tom Hoss KG ist ein bestimmter Prozentsatz der Geschäftskosten unabhängig von getätigten Umsätzen und lässt sich kurz- und mittelfristig nicht vermindern. **Wie heißen diese Kosten?**

	Handlungskosten
	Bezugskosten
	Variable Kosten
	Grenzkosten
	Fixe Kosten

6. Im letzten Quartal hat sich Herr Hoss von der Tom Hoss KG über die hohen Handlungskosten geärgert. **Wie können diese reduziert werden?**

	Im Einkauf werden Boni und Skonti ausgenutzt.
	Der Stromverbrauch wird reduziert.
	Im Jahresgespräch mit Lieferanten werden höhere Rabatte ausgehandelt.
	Die Erlöse werden reduziert.
	Es werden fällige Zahlungstermine nach hinten geschoben.

Zur weiteren Vertiefung der Lerninhalte und Sicherung der Lernergebnisse empfehlen wir die Bearbeitung der Aufgaben in Kapitel 10 (Absatzpolitische Entscheidungen auf der Grundlage der Deckungsbeitragsrechnung) des Lernfeldes 11 Ihres Lehrbuches „Einzelhandel 4.0, 3. Ausbildungsjahr".

533458

1 Marketingmaßnahmen

HANDLUNGSSITUATION

Stefanie Beyer nimmt an einer Abteilungssitzung des Verkaufs teil. Frau Hoss, die Abteilungsleiterin, stellt gerade die Umsatzentwicklung in der Filiale Rostock mithilfe einer PowerPoint-Präsentation vor:

Schmelting KG

Damen- und Herrenmode

Umsatzentwicklung Filiale Rostock

Vorvorletztes Jahr	Vorletztes Jahr	Letztes Jahr
70,9 Mio €	64,7 Mio €	54,3 Mio €

Im weiteren Verlauf der Sitzung macht sich Stefanie Beyer einige Notizen zum Vortrag von Frau Hoss:

Wir haben in Rostock mittlerweile jährliche Verluste in Höhe von 2,8 Millionen Euro.
Die dortige Verkaufsabteilung ist überhaupt nicht aktiv geworden und hat nur abwartend reagiert.
Kam eine Kundin oder ein Kunde ins Geschäft, freute man sich. Das war es dann. Es wurden überhaupt keine Maßnahmen ergriffen.
Man hat nicht in irgendeiner Weise untersucht, was tatsächliche oder potenzielle Kundinnen und Kunden denken …
Wichtige Trends im Modebereich wurden nicht beachtet, um nicht zu sagen „verschlafen". Das Warenangebot dieser Filiale war damit nicht zielgruppen- und zeitgemäß.
Versäumt wurde auch, über den Aufbau eines neuen Vertriebsweges nachzudenken, wie es einige andere Filialen mit Online-Shops oder dem Tom-Hoss-light-Konzept erfolgreich gemacht haben.
Im Gegensatz zu anderen Filialen wurden mehrere Warengruppen sehr großzügig kalkuliert.
Die Verkaufspreise wurden dadurch sehr hoch.
Es wurde weder in der Fachpresse geworben noch wurden Kundinnen und Kunden gezielt angesprochen.
Unser Mitbewerber Larstadt hat sein Image stark verbessert. Larstadt hat sich sehr stark engagiert in der Förderung des Jugendsports.
Larstadt hat auch im Gegensatz zu uns verschiedene Verkostungen im Rahmen von Themenwochen für die Kundinnen und Kunden durchgeführt. Das Verkaufspersonal wurde vorher extra geschult. Da müssen wir auch ran …
Vor vier Jahren verließen uns mehrere gelernte Fachkräfte. Viele der verbliebenen Beschäftigten im Verkauf können sich nur schwer von jahrelangen Gewohnheiten und alten Verkaufspraktiken lösen. Sie warten ab nach dem Motto „Irgendwann wird schon einmal ein Kunde kommen" und „Wenn er dann mal da ist, dann will er was von mir und nicht ich von ihm".
Aus Altersgründen ab Sommer kein Mitarbeiter und keine Mitarbeiterin mehr in der Verkaufsabteilung …

Frau Hoss: *„Ich sorge mich um die Rostocker Filiale. Da ist ja überhaupt kein Marketing gemacht worden. Wir müssten mal klären, was im Einzelnen schiefgelaufen ist und was man stattdessen vielleicht hätte machen können ... Ach so, Frau Beyer, Sie wollten nach der Ausbildung doch zurück nach Rostock. Was halten Sie denn davon, wenn wir Sie als Mitarbeiterin in der Rostocker Filiale übernehmen? Da wir die neuen Beschäftigten in der Abteilung Verkauf dort innerbetrieblich rekrutieren, könnten Sie dem neuen Abteilungsleiter bei der Schulung helfen."*

Informationen zum Lösen der folgenden Handlungsaufgaben finden Sie im Lehrbuch „Einzelhandel 4.0, 3. Ausbildungsjahr" im Kapitel 1 (Überblick über das Marketing) des Lernfeldes 12.

HANDLUNGSAUFGABEN

G a) **Lesen Sie das Kapitel 12.1 im Schulbuch „Einzelhandel 4.0" durch.**
b) **Suchen Sie die Begriffe heraus, die Sie nicht verstehen.**
c) **Tragen Sie diese Begriffe in das Glossar am Ende des Arbeitsbuchs ein.**
d) **Klären Sie anschließend diese Begriffe mithilfe Ihrer Mitschülerinnen und Mitschüler sowie Ihrer Lehrerin/Ihres Lehrers.**
e) **Halten Sie die Erklärung für den jeweiligen Begriff ebenfalls im Glossar am Ende des Arbeitsbuchs fest.**

1. Stellen Sie fest, vor welchem Problem die Tom Hoss KG steht.

2. Geben Sie Gründe an, wie es zu den Schwierigkeiten in der Filiale kommen konnte.

3. Machen Sie einen Vorschlag, wie die Situation in der Filiale allgemein verbessert werden kann.

4. Erläutern Sie den Begriff „Marketing".

533460

5. Stefanie Beyer bereitet sich darauf vor, die neuen Mitarbeiterinnen und Mitarbeiter in Rostock zu schulen. Dazu fertigt sie für sich eine Mindmap an.
Ergänzen Sie die folgende Mindmap.

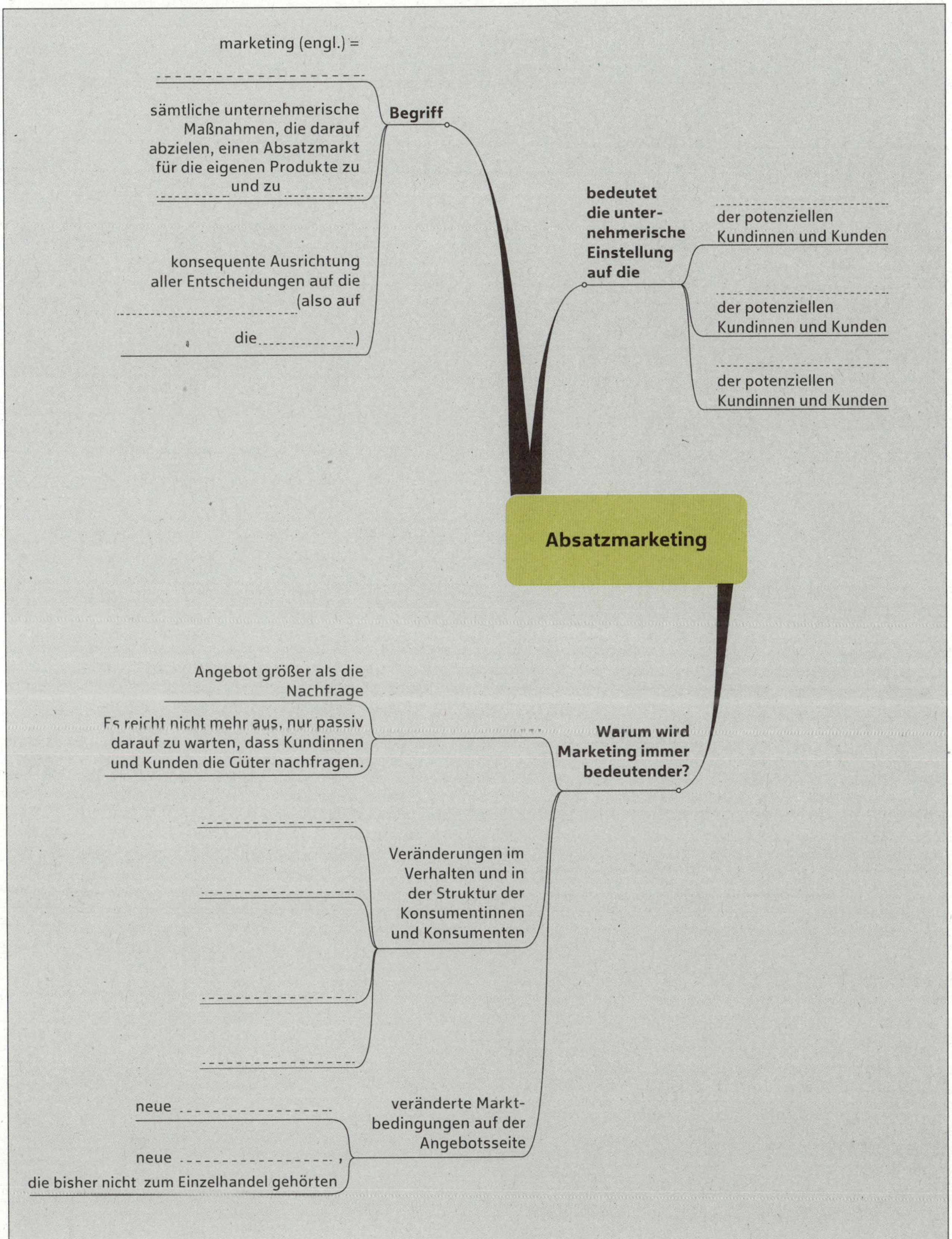

VERTIEFUNGS- UND ANWENDUNGSAUFGABEN

1. Was versteht man unter einem Verkäufermarkt?

2. Erläutern Sie den Käufermarkt.

3. Ordnen Sie die folgenden Marktsituationen jeweils dem Käufer- oder Verkäufermarkt zu.

Marktsituation	Käufermarkt	Verkäufermarkt
Märkte für Grundnahrungsmittel		
Ölmarkt während einer Ölkrise		
große Teile des Automobilmarkts		
Kosmetikartikel		
der Wohnungsmarkt in einer Region mit starkem Bevölkerungszuwachs		

4. Ergänzen Sie die folgenden Aussagen zum Thema Marktsegmentierung.

Verwenden Sie die folgenden Begriffe:

alte – Aussonderung unrentabler – einheitliche Untergruppen – gewinnen – Gewinn versprechenden – neue – speziell zugeschnittene – Streuverluste – unübersichtliche

Bei der Marktsegmentierung wird der z. T. ______________ Markt nach bestimmten Gesichtspunkten in nach Möglichkeit ______________ eingeteilt.

533462

Eine Marktsegmentierung kann folgende Vorteile haben:

- Durch ______________________ Marketingmaßnahmen fällt es leichter, ________ Kunden bzw. Kundinnen zu __________ oder _______ Kunden und Kundinnen zu binden.
- Durch genaue Abstimmung der jeweiligen Marketinginstrumente auf die Zielgruppe werden ______________ vermieden.

Eine Marktsegmentierung kann bis zur Kundenselektion führen. Ziel einer Kundenselektion ist die Bestimmung einer Zielgruppe unter ________________________ Kunden oder Kundinnen. Die Marketingaktivitäten werden dann gezielt auf die ______________________ Kundengruppen gelenkt.

Zur weiteren Vertiefung der Lerninhalte und Sicherung der Lernergebnisse empfehlen wir das Bearbeiten der Aufgaben in Kapitel 1 (Überblick über das Marketing) des Lernfeldes 12 in Ihrem Lehrbuch „Einzelhandel 4.0, 3. Ausbildungsjahr".

2 Marktforschung

HANDLUNGSSITUATION

Frau Hoss: _„Ich danke Ihnen erst einmal für Ihre Vorschläge. Bevor wir uns um einzelne Marketingmaßnahmen im Detail kümmern, sollten wir vorher erst in Erfahrung bringen, was die Modetrends dieser Saison sind und was unsere Kundinnen und Kunden überhaupt so denken."_

Stefanie Beyer: _„Zufällig habe ich heute Morgen einen passenden Artikel in der Zeitung gelesen. Wo habe ich ihn denn? Da ist er ja!"_

Modetrends: Wie ein Blatt im Herbst

Der Sommer ist bald vorbei. Das sind die „Must-Haves" für diesen Herbst.

Vorbei ist's mit dem Ausschlafen und dem entspannten Genuss des Lebens. Nichts mehr mit Weggehen bis zum Geht-nicht-mehr und gemütlichem Am-Baggerweiher-Liegen. Der Sommer ist bald zu Ende. Und mit ihm die Ferien. In den Blickwinkel kommt nun auch wieder die Kleidung für einen gelungenen Start in die Arbeit. Wir haben uns nach den Must-haves dieses Herbstes umgeschaut.

Jeans gehen immer

Hier nun zuerst einmal eine gute Nachricht: Jeans gehen immer. Und ganz allgemein: Die knalligen Farben des Sommers werden im Herbst zu gedeckten Tönen umgestimmt. Angesagt sind mehrere Outfits: Zuerst einmal ein petrolfarbener Blazer und später dann ein schwarzer, eine enge rostfarbene Hose und natürlich auch Mantel und Schal für das hoffentlich nicht allzu kalte Herbstwetter dürfen ganz klar nicht fehlen.

Farbige Hosen und Chinos sind dauer-in

Allgemein gilt hier: Für die Firma darf es gerne mal schicker sein, doch auch Mix ist dieses Jahr angesagt. Das heißt, es werden einfach mal mehrere Stile miteinander vermischt, wie etwa sportlich/lässig mit eher feminin. Auch beschichtete, farbige Hosen liegen wieder voll im Trend und gerade Chinohosen sind diesen Herbst dauer-in. Die neue Farbe heißt Rostrot. Nebenbei bemerkt: Was sind denn eigentlich die Farben dieses Herbstes? „Gewürzschattierungen", erklärt uns Karin Struck, Modeberaterin bei der Grotex GmbH. „Besonders Petrolblau, aber auch verschiedenste Rottöne, wie etwa Brombeere, Weinrot oder eben Rost, sind für das neue Arbeitsjahr genau das Richtige. Auch Tannengrün, Zimt, Maisgelb und die gängigen Farben wie Marine, Schwarz, Weiß und Creme sind auf jeden Fall zu empfehlen", sagt sie. Als besonderen Hingucker rät Karin Struck zu kurzen, weiten Strickpullis und Bikerjacken. Und die engen, etwas kürzeren Hosen mögen die meisten ja ohnehin besonders gern, denn die kann man in den kühleren Jahreszeiten einfach in die Stiefel stecken.

Schals werden nicht nur gegen die Kälte getragen

Kann die Herbstmode für die Jungs mithalten?

...

Frau Wilke: *„Sehr interessant, diese Informationen aus zweiter Hand. Müssen wir nicht evtl. auch selber Informationen gewinnen? Wie können wir das machen? Welche Möglichkeiten gibt es denn insgesamt?“*

Frau Hoss: *„Frau Wilke; Sie haben recht! Wenn wir wirklich ab jetzt systematisch Marketing betreiben wollen, brauchen wir tatsächlich viele Kenntnisse über den Markt. Wir müssen uns zunächst einmal klarmachen, welche Informationen wir brauchen, um absatzfördernde Maßnahmen einzusetzen. Geklärt werden muss dann, mit welchen Methoden wir diese Informationen gewinnen können.“*

Frau Wilke: *„Wie besprochen wollen wir ja verstärkt auch Berufskleidung anbieten. Hier sollten wir als Erstes Marktforschung betreiben. Über diesen Markt wissen wir noch sehr wenig.“*

Informationen zum Lösen der folgenden Handlungsaufgaben finden Sie im Lehrbuch „Einzelhandel 4.0, 3. Ausbildungsjahr“ im Kapitel 2 (Marktforschung) des Lernfeldes 12.

HANDLUNGSAUFGABEN

G
a) **Lesen Sie das Kapitel 12.2 im Schulbuch „Einzelhandel 4.0“ durch.**
b) **Suchen Sie die Begriffe heraus, die Sie nicht verstehen.**
c) **Tragen Sie diese Begriffe in das Glossar am Ende des Arbeitsbuchs ein.**
d) **Klären Sie anschließend diese Begriffe mithilfe Ihrer Mitschülerinnen und Mitschüler sowie Ihrer Lehrerin/ Ihres Lehrers.**
e) **Halten Sie die Erklärung für den jeweiligen Begriff ebenfalls im Glossar am Ende des Arbeitsbuchs fest.**

1. **Erklären Sie den Begriff „Marktforschung“.**

2. **Unterscheiden Sie zwischen Markterkundung und Marktforschung.**

3. **Führen Sie Ziele der Marktforschung auf.**

533464

4. Geben Sie Untersuchungsgegenstände der Marktforschung an.

5. Erläutern Sie den Unterschied zwischen primärer und sekundärer Marktforschung.

6. Füllen Sie die folgende Tabelle aus.

Methoden der Marktforschung	
Methoden im Hinblick auf den ausgewerteten Zeitraum (Bereiche der Marktforschung)	Methoden im Hinblick auf die verwendeten Informations-quellen

7. Entscheiden Sie, welche Methode die Auswertung des Zeitungsartikels „Modetrends. Wie in Blatt im Herbst“ darstellt.

8. Stellen Sie fest, welche Fragen eine Marktforschung zur verstärkten Einführung von Berufskleidung in das Sortiment der Tom Hoss KG beantworten sollte.

VERTIEFUNGS- UND ANWENDUNGSAUFGABEN

Bitte bearbeiten Sie die folgenden Multiple-Choice-Aufgaben.

1. Welche Eigenschaft trifft auf eine Marktbeobachtung zu?

1. zukunftsbezogen
2. zeitraumbezogen
3. zeitpunktbezogen
4. absatzbezogen
5. keine Alternative ist richtig

☐

2. In der Marktforschung unterscheidet man bei der Erschließung von Informationsquellen zwischen Primär- und Sekundärforschung. **Was wird zur Sekundärerhebung gezählt?**

1. Ein Panel ist eine repräsentative Stichprobe, bei der ein gleichbleibender Personenkreis über einen längeren Zeitraum befragt wird.
2. Bei einem Experiment werden neue Produkte vor ihrer Einführung erprobt.
3. Mit Beobachtungen werden eigene Daten erhoben.
4. Auswertung der Branchenkennzahlen eines Einzelhandelsverbands
5. Durchführung von Verbraucherinterviews

☐

533466

3. Ein Marktforschungsinstitut schlägt der Tom Hoss KG verschiedene Maßnahmen zur Gewinnung von Informationen vor. **Welche der Maßnahmen gehören zur Primärerhebung?**

1. Auswertung von Prospekten und Preislisten der Konkurrenz
2. Sichtung von Fachzeitschriften
3. Durchführen von Kundeninterviews
4. Veröffentlichungen des Statistischen Bundesamtes
5. Analyse von Geschäftsberichten der Konkurrenz
6. Auswertung von Informationsmaterialien von Branchenverbänden ☐

4. Bei der Tom Hoss KG ist der Umsatz in der Abteilung für Wintermode stark zurückgegangen. Die Geschäftsleitung macht sich Gedanken darüber, ob sich der Umsatzrückgang künftig fortsetzen wird. **Welche Maßnahme wird sie ergreifen?**

1. Eine Marktanalyse
2. Eine ABC-Analyse
3. Eine Marktprognose
4. Eine Marktsegmentierung
5. Eine Analyse des Produktlebenszyklus ☐

5. Welches Ziel verfolgt die Marktsegmentierung?

1. neue Produkte und Güter in das Warensortiment aufnehmen, um so das Angebot für die Kundinnen und Kunden zu vergrößern
2. Kostensenkung durch Kürzung der Löhne und Gehälter
3. ins Ausland expandieren, um größtmöglichen Gewinn zu erzielen
4. Aufteilung des Gesamtmarktes in einheitliche Käufergruppen, um so eine bestmögliche Marktbearbeitung zu gewährleisten
5. Verkäufermärkte langfristig in Käufermärkte umwandeln ☐

Zur weiteren Vertiefung der Lerninhalte und Sicherung der Lernergebnisse empfehlen wir das Bearbeiten der Aufgaben in Kapitel 2 (Marktforschung) des Lernfeldes 12 Ihres Lehrbuches „Einzelhandel 4.0, 3. Ausbildungsjahr“.

3 Anwendung unterschiedlicher Marketingmaßnahmen

HANDLUNGSSITUATION

Frau Hoss: *„Ja, liebe Kolleginnen und Kollegen. Ich hatte Sie eben gebeten, sich Marketingmaßnahmen für unsere Filiale in Rostock zu überlegen und auf Karten zu schreiben. Ich sehe, da ist eine ganze Menge zusammengekommen. Wir müssen die Maßnahmen jetzt noch den verschiedenen Bereichen des Marketings zuordnen …"*

- Diversifikation
- (Mitarbeiterzeitung) Human Relations
- Andere Wahl der Vertriebsform
- Sonderangebote
- Eventmarketing (Themenwochen)
- Kinderhort (Mitarbeitende)
- Verkaufsförderung
- Bereinigung des Warenangebots
- Überprüfung der Bedienungsform
- Absatzwerbung (mehr Zeitungsanzeigen)
- Änderungsservice
- Erweiterung des Warenangebots
- Preisdifferenzierung (unterschiedliche Preise zu unterschiedlichen Zeiten)
- Messen und Ausstellungen
- Sponsoring
- Mischkalkulation
- Product-Placement
- Gratisparkplätze
- Kinderhort (Kundinnen und Kunden)
- Stammkundenrabatt

Informationen zum Lösen der folgenden Handlungsaufgaben finden Sie im Lehrbuch „Einzelhandel 4.0, 3. Ausbildungsjahr" in den Kapiteln 1 (Überblick über das Marketing), 2 (Marktforschung) und 3 (Kundenbeziehungsmanagement) des Lernfeldes 12.

HANDLUNGSAUFGABEN

G
a) **Lesen Sie die Kapitel 12.1, 12.2 und 12.3 im Schulbuch „Einzelhandel 4.0" durch.**
b) **Suchen Sie die Begriffe heraus, die Sie nicht verstehen.**
c) **Tragen Sie diese Begriffe in das Glossar am Ende des Arbeitsbuchs ein.**
d) **Klären Sie anschließend diese Begriffe mithilfe Ihrer Mitschülerinnen und Mitschüler sowie Ihrer Lehrerin/Ihres Lehrers.**
e) **Halten Sie die Erklärung für den jeweiligen Begriff ebenfalls im Glossar am Ende des Arbeitsbuchs fest.**

1. **Erläutern Sie die Aufgabe der Sortimentspolitik.**

533468

2. **Stellen Sie fest, was zur Preispolitik gehört.**

3. **Führen Sie auf, was Fragestellung der Distributionspolitik ist.**

4. **Erläutern Sie das Ziel der Kommunikationspolitik.**

5. **Erklären Sie die Bedeutung der Kundendienstpolitik.**

6. **Ordnen Sie die Maßnahmen auf den Metaplankarten von Seite 66 den einzelnen Marketingbereichen zu.**

Marketingbereiche				
Kundendienstpolitik	Sortimentspolitik	Distributionspolitik	Kommunikations-politik	Preispolitik

VERTIEFUNGS- UND ANWENDUNGSAUFGABEN

1. **Lösen Sie das folgende Kreuzworträtsel (ohne Bindestriche):**

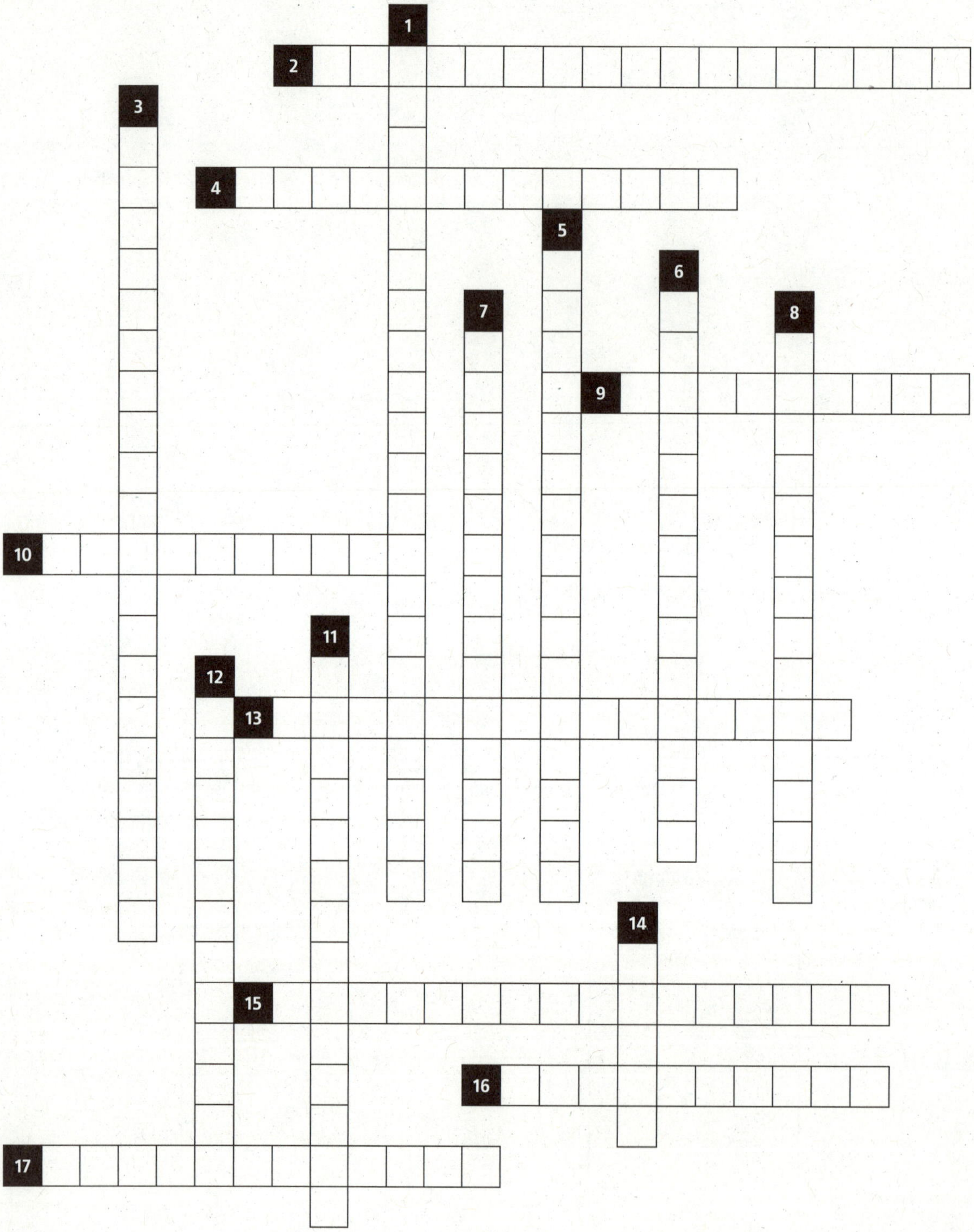

533470

Waagerecht:

2. Auswertung bereits vorhandenen Zahlenmaterials
4. Versuch, die zukünftige Marktentwicklung abzuschätzen
9. wichtigste Erhebungsmethode zur Beschaffung von Informationen
10. Unterstützung einer Organisation, Gruppe oder Person der Öffentlichkeit durch Geld- oder Sachmittel, um damit bestimmte Marketingziele zu erreichen
13. Öffentlichkeitsarbeit
15. Zeitraumuntersuchung des Marktes (über eine längere Zeitspanne hinweg)
16. Erprobung einer neuen Maßnahme vor ihrer Einführung
17. optimale Kombination aller Marketinginstrumente

Senkrecht:

1. anderes Wort für Preis- und Konditionenpolitik
3. Marketingbereich, der sich mit der Frage befasst, auf welchen Wegen sowie auf welche Art und Weise Waren zu den Konsumentinnen und Konsumenten gelangen
5. In den Massenmedien wird der Name, das Logo oder das Produkt selbst untergebracht zu Werbezwecken.
6. die systematische Planung von Veranstaltungen; wird auch Livemarketing genannt
7. systematisches Sammeln von Informationen für ein erfolgreiches Marketing
8. gelegentliche und unsystematische Untersuchung eines Marktes
11. Kommunikation innerhalb des Unternehmens
12. einmalige Untersuchung des Marktes zu einem bestimmten Zeitpunkt
14. Ein gleichbleibender repräsentativer Personenkreis wird über einen längeren Zeitraum hinweg befragt.

2. Lösen Sie das folgende Wortsuchrätsel:

C	C	U	H	B	H	J	H	Y	Z	K	H	E	E	Q	K	K	S	I	Q	F	E	P	C	L
X	G	U		H	X	Q	Q	L	C	O	S	X	V	A	O	X	L	R	N	N	M	J	K	H
B	G	Z		K	J	M	E	M	G	Q	O	E	Y	R	N	K	C	U	L	T	P	V	A	F
B	C	I		A	N	R	O		C	E	R	L									K	M	M	F
I	C	P		Y	C		H		T	H	R	G		C	A	I	U	H	G	M	G	G	I	
B	M	F		P	T		I		C	Q	K	Y		C	Y	Q	J	D	M	F	Z	V	D	
A		I		X	N		W		R	S	Z	I		M	K	S	E	K	O	V	O	S	L	
N		F		M	R																		X	
J		H		D	N		F		K	J	W	M		E	R	T	P	U	P	E	A	O	V	
F		J		B	B		U		U	M	D	D		E	B	S	N	O		F		M	M	
T		H		K	X		T		M	Q	S	A		L	K	H	Z	U		E		L	S	K
T		L	H	J	L		Y		L	Q	J	C		E	C	L	Y	O		L		V	M	Z
I		P	F	J	K		H	N	E	D	N	Z		O	X	R	L	S		A		B	T	S
G		J	M	E	F		I									Z	U	R		F		X	W	K
E		H	D	Y	U	H	S	K	T	A	E	E		N	K	C	H	Q		Y		W	M	E
S		L	X						J	L	G	W		P	J	K	W	P		N		Y	N	I
N		M	W	G	G	E	E	J	I	A	T	V		H	S	K	V	T		N		L	C	K
I	S	D	I	U	D	P	Y	G	G	Y	C	Z		Q	P	X	O	G		H		W	B	L
T	G	A	J	K	S										G	Y	W	L		M		V	J	F
I	K		D	Q	C	F	S	N	E	Z	M	A		L	H	T	X	V		C	A	D	J	E
Z	W		P	S	D	G	A	V	U	U	I	L		O	U	O	F	F	J	O	I	N	L	O
B	O		F	Z	Y	Z	V														K	O	I	H
V	I		J	K	V	K	S	R	K	A	B	W		G	R	E	U	H	Y	Q	N	F	P	T
L	X		H	R	X	H	J	A	H	C	R	G	D	V	O	R	Z	I	N	G	A	R	Z	T
P	P		G	N	U	W	C	O	K	B	L	S	M	K	Y	Z	P	N	P	C	E	H	A	D

In diesem Suchrätsel sind 15 Wörter versteckt.

Die Wörter bedeuten:

1 Marketinginstrument, das versucht, Kundenbindung zu erzielen: ____________________

2 anderes Wort für Kundenmagazin: ________________

3 Ziel von CRM: ______________

4 Zahlungsmöglichkeit im E-Commerce: ____________

5 Instrument des CRM in der Größe einer Girocard: ______________

6 Verkaufsstelle im Internet: ____________

7 Zahlungsmöglichkeit im Internet per Lastschrift: _____________

8 Ist man dort Mitglied, wird man vom Unternehmen häufig besonders behandelt: _____________

9 Veranstaltungen zur Kundenbindung sollten immer einzigartig sein und diese ansprechen: ___________

10 Zahlungsmöglichkeit im Internet. Kundinnen und Kunden müssen dabei bei der Lieferung zahlen: ________

11 Gutscheine, die einen Rabatt auf ein Produkt gewähren, machen dieses __________

12 engl. für Kundin/Kunde: ____________

13 Beim One-to-one-Marketing erfolgt die Kundenansprache so: __________

14 Gutschein: ___________

15 Ereignis zur Kundenbindung: __________

3. Der folgende komplexe Test beinhaltet die verschiedenen Aspekte des Marketings, die Sie bisher in Ihrer Ausbildung kennengelernt haben. **Tragen Sie die richtigen Antworten in die Lösungskästchen ein.**

1 Wie wird die Gesamtheit aller absatzfördernden Maßnahmen bezeichnet?

a) Verkaufsförderung
b) Marktanalyse
c) Marktbearbeitung
d) Marketing
e) Public Relations

☐

2 Herr Hoss gibt der Marketingabteilung den Auftrag, eine Standortanalyse zu erstellen. Was ist das?

a) die Untersuchung der Verkäufe an besonderen Tischen in den Verkaufsräumen
b) der Vergleich der Umsatzzahlen mehrerer Jahre
c) die Untersuchung der Marktchancen für ein Absatzgebiet
d) der Vergleich der Sortimente mehrerer Geschäfte unterschiedlicher Branchen
e) die amtliche Genehmigung zur Geschäftseröffnung

☐

533472

3 Die Marketingabteilung der Tom Hoss KG versucht, Informationen über Käufergewohnheiten und deren Veränderungen zu gewinnen. Wie wird diese Art der Informationsgewinnung genannt?

a) Absatzplanung
b) Imageberatung
c) Umsatzkontrolle
d) Marktforschung
e) Public Relations

☐

4 Ordnen Sie zu, indem Sie die Kennziffern von zwei der insgesamt sieben Definitionen bei den zugehörigen Begriffen eintragen.

Definitionen

a) die Erlaubnis zur Auswertung eines fremden Rechts
b) der Schutz von Wörtern und Bildern, durch die ein Unternehmen seine Waren von fremden unterscheiden will
c) die Bestrebung der Unternehmer, ihre Beziehung zur breiten Öffentlichkeit zu verbessern
d) der planmäßige Einsatz von Mitteln, um den Absatz zu fördern
e) die laufende Untersuchung der Veränderung des Marktes mit wissenschaftlichen Methoden
f) die Übertragung des Eigentumsrechts an einer Erfindung auf andere Personen und Firmen
g) das Recht am eigenen Bild

zugehörige Begriffe

Marktbeobachtung ☐

Werbung ☐

5 Die Tom Hoss KG hat ein Marktforschungsinstitut beauftragt, einen Markt zu untersuchen. Bei welcher der durchgeführten Maßnahmen handelt es sich um eine Primärerhebung?

a) Durchführen von Kundeninterviews
b) Auswertung von Prospekten und Preislisten der Konkurrenz
c) Sichtung der Kundenstatistik
d) Veröffentlichungen des Statistischen Bundesamtes
e) Analyse von Geschäftsberichten der Larstadt AG
f) Auswertung von Informationsmaterial der Hauptgemeinschaft des deutschen Einzelhandels

☐

6 Welche der folgenden Maßnahmen ist eine Maßnahme der Verkaufsförderung (Salespromotion)?

a) Schaltung einer Anzeige im Berliner Tageblatt
b) Mailingaktion zur Neueinführung von Artikeln
c) Ausgabe von Proben
d) Gewährung eines Jubliäumsrabatts
e) Herausgabe der Mitarbeiterzeitung „Tom-Hoss-Post"

☐

7 Geben Sie an, welche Maßnahme zu den Public Relations gehört.

a) Ausnutzung der Herstellerwerbung für die eigenen Geschäftszwecke
b) Einladung zum „Tag der offenen Tür"
c) gemeinschaftliche Produktwerbung mit anderen Firmen
d) Bedarfsweckung für neue Artikel
e) Beobachtung des Kundenverhaltens

☐

8 In welchem Fall handelt es sich um Public-Relations-Maßnahmen der Tom Hoss KG?

a) Ankündigung eines neuen Artikels durch eine Anzeige im Rostocker Tageblatt
b) Verteilung von Rabattgutscheinen in der Trendabteilung
c) Zu neuen Artikeln wird ein Schaufenster gestaltet.
d) Platzierung einer Reportage über die Firmenphilosophie der Tom Hoss KG im Rostocker Tageblatt
e) Bereitstellung von Display-Material durch einen Lieferanten

☐

9 Was versteht man unter Sponsoring?

a) zeitlich begrenzte Veranstaltung zur Darstellung des Sortiments
b) Ort des Verkaufs
c) Kommunikation innerhalb des Unternehmens
d) In einem Krimi kauft ein Schauspieler bei der Tom Hoss KG ein.
e) In der neuen Bundesligasaison ist auf den Trikots der Eintracht Hildesheim das Symbol der Tom Hoss KG.

☐

10 Die Tom Hoss KG möchte ihr Sortiment in verschiedenen Abteilungen bereinigen. Welche Artikel wird sie im Hinblick auf eine Sortimentsoptimierung herausnehmen?

a) Artikel, die gerade neu ins Sortiment aufgenommen wurden
b) Artikel, die der Sortimentsabrundung dienen und eine hohe Gewinnspanne haben
c) Artikel, die im Sortiment einen großen Raum einnehmen und von den Kundinnen und Kunden kaum nachgefragt werden
d) Artikel, die optimal in der Gunst der Verbraucherinnen und Verbraucher liegen, aber nur eine geringe Gewinnspanne haben
e) Artikel, die stark gefragt sind, aber eine längere Lieferzeit haben

☐

11 In welchem Fall sollte die Tom Hoss KG ihr Sortiment ändern?

a) Aufgrund verstärkter Werbung des Produzenten ist die Nachfrage nach zwei Artikeln des Sortiments gestiegen.
b) Obwohl ein Artikel eines Sortiments nicht mehr ganz dem aktuellen Modetrend entspricht, wird er von Stammkundinnen und - kunden oft verlangt.
c) Die Lagerumschlagshäufigkeit eines Artikels ist sehr hoch.
d) Stammkundinnen und - kunden fragen in letzter Zeit häufig nach einem Artikel, den das Warenhaus nicht im Sortiment führt.
e) Stammkundinnen und - kunden fragen nach Artikeln, die vorübergehend im Sortiment fehlen.

☐

12 Die Tom Hoss KG hat jeden einzelnen Textilartikel in sehr vielen unterschiedlichen Qualitäten, Farben und Größen vorrätig. Wie lässt sich dieser Sortimentsaufbau beschreiben?

a) Es handelt sich um ein flaches Sortiment.
b) Es handelt sich um ein schmales Sortiment.
c) Es handelt sich um ein breites Sortiment.
d) Es handelt sich um ein tiefes Sortiment.
e) Es handelt sich um ein enges Sortiment.

☐

13 Welcher Faktor hat keinen Einfluss auf die Sortimentstiefe der Tom Hoss KG?

a) Zahl der Beschäftigten
b) Sortiment der Mitbewerber Larstadt und Klever Kauf
c) Standort
d) Kundenstruktur
e) Verkaufsform

☐

14 Was ist unter einem Kernsortiment zu verstehen?

a) Zusatzsortiment mit Waren weniger Bedarfsgebiete
b) Vollsortiment mit Waren mehrerer Bedarfsgebiete
c) Sortiment mit ständiger Verkaufsbereitschaft für einen bestimmten Teil der Warengruppen
d) Sortiment mit ständiger Verkaufsbereitschaft für zusätzliche Warengruppen
e) Sortiment mit ständiger Verkaufsbereitschaft für alle Warengruppen

☐

533474

15 Die Tom Hoss KG erweitert ihr Kernsortiment um eine zusätzliche Warengruppe. Welche Überlegung kann für diese Maßnahme ausschlaggebend sein?

a) Die Mitarbeitenden der Tom Hoss KG benötigen dadurch weniger Warenkenntnisse.
b) Die Tom Hoss KG versucht mit der neuen Warengruppe, Stammkundinnen und - kunden zu binden und neue Kundinnen und Kunden hinzuzugewinnen.
c) Die Tom Hoss KG ist gezwungen, ein möglichst flaches Sortiment anzubieten.
d) Die zusätzliche Warengruppe erleichtert die Lagerung der Ware.
e) Das Sortiment der Tom Hoss KG leidet unter einer branchentypischen Warengruppenvielfalt.

16 Die Tom Hoss KG rechnet für eine Warengruppe mit einem Kalkulationsfaktor von 2. Welche Handelsspanne (ohne Umsatzsteuer) entspricht diesem Kalkulationsfaktor?

17 Der Nettoverkaufspreis einer Ware beträgt 1.200,00 €. Die Handelsspanne (ohne Umsatzsteuer) wird mit 25 % kalkuliert. Wie viel Euro beträgt der Bezugspreis?

18 Der Mitbewerber Klever Kauf verkauft einen Artikel zu 90,00 €, den der Hersteller zu einem Bezugspreis von 55,00 € anbietet. Mit welchem Kalkulationsfaktor rechnet Klever Kauf?

---

19 Wozu dient eine Umsatzstatistik?

a) Sie dient als Grundlage für den geplanten wertmäßigen Verkauf der nächsten Periode.
b) Sie zeigt auf, welcher Gewinn tatsächlich erzielt wurde.
c) Sie hält fest, welche Werbemaßnahmen besonderen Erfolg hatten.
d) Sie dient im Rechnungswesen zur Ermittlung der Umsatzsteuerlast.
e) Sie ist Grundlage für den geplanten mengenmäßigen Verkauf der nächsten Periode.

20 Wie nennt man die Preise, mit denen Konsumartikel bereits vom Hersteller ausgezeichnet sind?

a) verbindliche Richtpreise
b) Nettoverkaufspreise
c) kalkulierte Verkaufspreise
d) Festpreise
e) empfohlene Richtpreise
f) Fixpreise

4. Silbenrätsel zum Thema „Marketing"

AUS – BE – BEI – BU – CKUNGS – DE – DE – DI – DIS – FAK – FER – FÖR – GEN – KAL – KÄU – KAUFS – KON – KU – LA – LI – LI – LI – LUN – MARKT – MARKT – MEN – MENTS – MES – MIT – NEN – NUNG – O – ONS – ONS – ONS – PO – PO – PO – RECH – RUNG – RUNG – SEG –SEN – SOR – STEL – TEL – TI – TI – TI – TI – TIE – TIK – TIK – TIK – TOR – TRAGS – TRI – VER – VER – WER

1 Markt, auf dem die Nachfrage größer ist als das Angebot: ______________________

2 Diese sind Informationsveranstaltungen, die in regelmäßigen Abständen an demselben Ort abgehalten werden; sie sind auch für Privatleute zugänglich.

____

3 Diese Politik lässt sich als Gestaltung des Produktweges vom Hersteller zu den Käuferinnen und Käufern bezeichnen.

____

4 Dieses ist die Aufteilung eines Marktes bezogen auf bestimmte, möglichst gleichartige Zielgruppen mit der Absicht, die engere Marketingpolitik auf deren Bedarf auszurichten.

____

5 Die bewusste, planmäßige Gestaltung des Sortiments mit dem Ziel, Inhalt und Umfang des Sortiments so zu gestalten, dass die geplanten Umsätze und Gewinne erzielt werden.

____

6 Mit dieser werden die Beiträge ermittelt, mit denen die einzelnen Artikel, Warenarten und -gruppen eines Sortiments zur Deckung der umsatzunabhängigen Kosten des Handelsbetriebs beitragen.

____

7 So berechnet man diesen: Nettoverkaufspreis : Bezugspreis

____

8 Diese umfasst sämtliche Maßnahmen, die sich auf die Gestaltung der Lieferungs- und Zahlungsbedingungen beziehen.

____

9 Deutsche Bezeichnung für Salespromotion: ______________________

10 Ausdrucks- und Gestaltungsformen, durch die die Werbebotschaft vermittelt wird:

____

11 Solche sind Verkaufsveranstaltungen, die in regelmäßigen Abständen an demselben Ort abgehalten werden und nur Fachbesucherinnen und - besuchern zugänglich sind.

____

Zur weiteren Vertiefung der Lerninhalte und Sicherung der Lernergebnisse empfehlen wir das Bearbeiten der Aufgaben in den Kapiteln 1 (Überblick über das Marketing), 2 (Marktforschung) und 3 (Kundenbeziehungsmanagement) des Lernfeldes 12 in Ihrem Lehrbuch „Einzelhandel 4.0, 3. Ausbildungsjahr".

533476

4 Multichannel-Strategien im Internet

HANDLUNGSSITUATION

Abteilungssitzung Verkauf. Neben verschiedenen anderen Themen steht auch die schlechte Situation in der Rostocker Filiale auf der Tagesordnung.

Frau Hoss: *„Wir hatten uns ja entschieden, zur Verbesserung der Lage in Rostock dort im Rahmen einer Multichannel-Strategie einen neuen Vertriebsweg anzubieten: einen Onlineshop mit Bringdienst für eine sofortige Auslieferung. Die Logistikabteilung hat schon signalisiert, dass ein geeignetes Fahrzeug angeschafft wird. Aber unsere Abteilung muss noch ihre Hausaufgaben machen für den Aufbau dieses neuen Angebots ...“*

Informationen zum Lösen der folgenden Handlungsaufgaben finden Sie im Lehrbuch „Einzelhandel 4.0, 3. Ausbildungsjahr“ in den Kapiteln 4 bis 10 des Lernfeldes 12.

HANDLUNGSAUFGABEN

Ⓖ
a) **Lesen Sie die Kapitel 12.4 bis 12.10 im Schulbuch „Einzelhandel 4.0“ durch.**
b) **Suchen Sie die Begriffe heraus, die Sie nicht verstehen.**
c) **Tragen Sie diese Begriffe in das Glossar am Ende des Arbeitsbuchs ein.**
d) **Klären Sie anschließend diese Begriffe mithilfe Ihrer Mitschülerinnen und Mitschüler sowie Ihrer Lehrerin/Ihres Lehrers.**
e) **Halten Sie die Erklärung für den jeweiligen Begriff ebenfalls im Glossar am Ende des Arbeitsbuchs fest.**

1. Vor welchem Problem steht die Tom Hoss KG?

2. Die Tom Hoss KG wendet die Multichannel-Strategie an. Geben Sie an, was man darunter versteht.

3. Eine Mitarbeiterin äußert nach der Sitzung die These: „Die Kundinnen und Kunden denken doch in Vertriebskanälen. Also macht Multichannel wenig Sinn." **Nehmen Sie Stellung zu dieser These.**

4. Erläutern Sie dem Begriff „Click&Collect".

5. Klären Sie, zu welcher E-Commerce-Art der Internetshop der Tom Hoss KG gehört.

6. Führen Sie mögliche Gründe für Kundinnen und Kunden auf, nicht in ein Ladengeschäft zu gehen, sondern online Ware zu bestellen.

7. Geben Sie an, welche Aufgaben/Funktionen/Bestandteile ein idealer Shop umfassen sollte.

533478

8. **Machen Sie in Skizzenform einen Vorschlag, wie der Internetshop der Tom Hoss KG aussehen könnte.**

9. **Erläutern Sie den Begriff „Onlineplattform“.**

10. **Bringen Sie Beispiele für Onlineplattformen.**

11. **Führen Sie auf, welche Möglichkeiten es für Kundinnen und Kunden gibt, im Onlineshop zu bezahlen.**

12. **Geben Sie Fälle an, wo Käufe im Internet rechtlich anders behandelt werden als normale Käufe.**

13. Neben einer Website und einem Shop kann ein Einzelhandelsunternehmen das Internet auch für verschiedene Marketingmaßnahmen verwenden. **Führen Sie in der Tabelle verschiedene Online-Marketingmaßnahmen auf und erläutern Sie diese kurz.**

Online-Marketingmaßnahme	Erläuterung

533480

Online-Marketingmaßnahme	Erläuterung

14. Einzelhandelsunternehmen können auch Möglichkeiten des Web 2.0 nutzen. **Erläutern Sie in diesem Zusammenhang**

a) **Web 2.0**

b) **Social-Media-Marketing**

c) **Virales Marketing**

15. Führen Sie Beispiele für Beispiele für Social-Media-Plattformen auf.

16. Geben Sie an, welche Social-Media-Plattform Sie selbst nutzen und was Sie als deren Hauptvorteil für sich ansehen.

17. Das Internet wird nicht nur vom Handel, sondern von allen Wirtschaftszweigen genutzt. **Führen Sie drei momentan zu beobachtende Trends auf.**

VERTIEFUNGS- UND ANWENDUNGSAUFGABEN

1. **Beurteilen Sie die folgenden Aussagen mithilfe des Lehrbuches.**

Aussage	richtig	falsch – Begründung
Von Fernabsatz spricht man, wenn die Ware vom Verkäufer über mehr als 1 000 km zum Käufer/zur Käuferin geliefert wird.		
Eine schriftliche Widerrufserklärung ist auch ohne Unterschrift des Kunden/der Kundin rechtsgültig.		
Der Unternehmer muss die Verbraucherin/den Verbraucher darauf hinweisen, dass sie/er jeden erteilten Auftrag innerhalb von 28 Tagen widerrufen kann.		
Statt des Rechts auf Widerruf können Anbieter auch ein Rückgaberecht anbieten.		
Im Falle des Rückgaberechts hat der Käufer/die Käuferin die Kosten und Gefahr der Rücksendung zu tragen.		
Von den Bestimmungen des BGB zum Fernabsatz werden u. a. die Direktgeschäfte der Banken und Versicherungen nicht erfasst.		
Electronic Commerce ist der Handel mit elektronischen Artikeln.		
Business-to-Consumer (B2C) ist der elektronische Versandhandel mit Endkundinnen und Endkunden.		
Electronic Commerce hat für Kundinnen und Kunden kaum Vorteile.		
Im Internet kann man nur mit Vorkasse bezahlen.		

533482

LERNFELDÜBERGREIFENDE AUFGABEN

Die Loci-Methode

Auf der Suche nach der richtigen Methode zur Prüfungsvorbereitung stoßen Sie früher oder später wahrscheinlich auf eine Methode, die auf den ersten Blick etwas komisch erscheint: Die Loci-Methode ist jedoch eine Lerntechnik, die Sie einmal ausprobiert haben sollten. Es heißt, dass sich schon die Griechen und Römer mit der Loci-Methode ihre Reden besser eingeprägt haben sollen. „Loci" kommt aus dem lateinischen und heißt übersetzt „Orte".

Vorbereitung und Durchführung

- Die einzige Vorbereitung liegt darin, sich ein paar Orte mental vorzustellen. Das kann z. B. das eigene Büro, der Arbeitsplatz oder ein ganz anderer Ort sein.
- Nehmen wir an, Ihr festgelegter Ort ist das Büro. Im Büro befinden sich verschiedene Gegenstände, wie etwa ein Stuhl, ein Schreibtisch, ein kleines Regal, ein großes Regal, eine Lampe usw.
- Jeder Gegenstand erhält nun eine Verknüpfung zum Lerninhalt:
  - Büro (übergeordnet) = Kommunikationspolitik
  - Stuhlbeine = Beispiele für die Kommunikationspolitik aufzählen (Mitarbeiterzeitung; Eventmarketing; Sponsoring; Product-Placement)
  - Schreibtisch = Ziel der Kommunikationspolitik (Kontakt zu den Kunden und Kundinnen aufnehmen; Nachfrage bei den Kunden und Kundinnen auslösen).
  - usw.
- Der Lerneffekt entsteht nun, wenn Sie im Kopf immer wieder die einzelnen Gegenstände „ablaufen" und den passenden Lerninhalt aufsagen. In Gedanken: „Ich gehe jetzt in mein Büro und wiederhole die Inhalte zur Kommunikationspolitik."

Warum sollen Gegenstände ausgewählt werden, die nichts mit dem Lerninhalt zu tun haben?
Es ist belegt, dass wir uns Sachverhalte besser abspeichern können, wenn wir uns dazu ein Bild vorstellen.

Prüfungstipp

Wenn Sie merken, dass Sie mit der Loci-Methode erfolgreich lernen können, sollten Sie darüber nachdenken, auch Prüfungsinhalte aus anderen Lernfeldern damit aufzubereiten. Es wäre auch denkbar, dass Sie sich auf erstellten Karteikarten Ihre Bilder dazuschreiben.

1. Blättern Sie das gesamte Lernfeld 12 in diesem Arbeitsbuch durch. Entscheiden Sie sich für einen Lerninhalt, den Sie nach der Loci-Methode aufbereiten wollen. Überlegen Sie sich dann einen Ort, den Sie im Kopf durchlaufen wollen. Schreiben Sie einzelne Gegenstände des Ortes auf und verknüpfen Sie wichtige Lerninhalte damit.

Platz für meinen „Ort" und meine „Gegenstände"

Ort:

Gegenstände:

2. Partnerarbeit: Erzählen Sie Ihrem Partner/Ihrer Partnerin von dem Ort und den verknüpften Lerngegenständen. Ihr Gegenüber macht im Anschluss Anmerkungen, ob möglicherweise ein wichtiger Lerninhalt vergessen wurde.

Platz für Notizen: Wurden wichtige Lerninhalte beim Aufsagen der Gegenstände vergessen?

Zur weiteren Vertiefung der Lerninhalte und Sicherung der Lernergebnisse empfehlen wir das Bearbeiten der Aufgaben in in den Kapiteln 4 bis 10 des Lernfeldes 12 Ihres Lehrbuches „Einzelhandel 4.0, 3. Ausbildungsjahr“.

533484

1 Personalplanung

HANDLUNGSSITUATION

Der Geschäftsführer der Tom Hoss KG, Tom Hoss, lässt sich von der Personalleiterin der Tom Hoss KG, Sabine Harder, die quantitative Personalplanung für die Filiale im SWZ in Berlin zeigen:

Dort werden demnächst zwei Rückkehrer vom Bundesfreiwilligendienst und drei Mitarbeitende aus der Elternzeit als Zugang erwartet. Vier Auszubildende werden übernommen. Als sichere Abgänge werden drei in den Mutterschutz gehende Beschäftigte erwartet. Fünf Mitarbeiter und Mitarbeiterinnen werden zum Monatsende in den Ruhestand gehen. Erfahrungsgemäß ist in dem Planungszeitraum mit weiteren sieben Mitarbeiterinnen und Mitarbeitern zu rechnen, die die Filiale aus unterschiedlichen Gründen verlassen. Der aktuelle Personalbestand der Filiale im SWZ beträgt zurzeit 94 Mitarbeiterinnen und Mitarbeiter. Laut Stellenplan hat die Filiale einen Personalbedarf von 98 Mitarbeiterinnen und Mitarbeitern.

Herr Hoss bittet Frau Harder, den Nettopersonalbedarf der Filiale im SWZ zu ermitteln und ihm konkrete Vorschläge für die Personalbeschaffung zu machen.

Nutzen Sie zur Lösung der Handlungsaufgaben die Informationen zur Personalplanung in Ihrem Lehrbuch „Einzelhandel 4.0, 3. Ausbildungsjahr“, Lernfeld 13, Kapitel 2 (Personalbedarfsplanung).

HANDLUNGSAUFGABEN

G
a) **Lesen Sie das Kapitel 13.2 im Schulbuch „Einzelhandel 4.0“ durch.**
b) **Suchen Sie die Begriffe heraus, die Sie nicht verstehen.**
c) **Tragen Sie diese Begriffe in das Glossar am Ende des Arbeitsbuchs ein.**
d) **Klären Sie anschließend diese Begriffe mithilfe Ihrer Mitschülerinnen und Mitschüler sowie Ihrer Lehrerin/Ihres Lehrers.**
e) **Halten Sie die Erklärung für den jeweiligen Begriff ebenfalls im Glossar am Ende des Arbeitsbuchs fest.**

1. Welche Fragen muss Frau Harder klären, um den Auftrag ordnungsgemäß zu erfüllen?

2. Ermitteln Sie den Nettopersonalbedarf der Filiale im SWZ. Nutzen Sie dazu das folgende Schema.

Personalbedarf laut Stellenplan	
= Bruttopersonalbedarf	
= Nettopersonalbedarf	

3. Erläutern Sie die Ergebnisse der in Aufgabe 2 durchgeführten quantitativen Personalbedarfsplanung.

4. Machen Sie Vorschläge für die notwendigen Personalbeschaffungsmaßnahmen.

533486

5. **Stellen Sie Vorteile und Nachteile der internen Personalbeschaffung gegenüber.**

Vorteile	Nachteile

6. **Notieren Sie die Möglichkeiten, die die Tom Hoss KG nutzen kann, um externe Bewerberinnen und Bewerber für die zu besetzenden Stellen in ihrer Filiale im SWZ zu gewinnen.**

7. **Machen Sie Herrn Hoss einen Vorschlag zur Durchführung der notwendigen Personalbeschaffungsmaßnahmen für die Filiale im SWZ.**

VERTIEFUNGS- UND ANWENDUNGSAUFGABEN

Zur weiteren Vertiefung und Sicherung der Lernergebnisse empfehlen wir das Bearbeiten der Aufgaben im Kapitel 2 (Personalbedarfsplanung) des Lernfeldes 13 in Ihrem Lehrbuch „Einzelhandel 4.0, 3. Ausbildungsjahr".

2 Gestaltung einer Stellenanzeige für eine neu zu besetzende Stelle

HANDLUNGSSITUATION

Die Tom Hoss KG möchte in ihrer Filiale im SWZ folgende Stellen neu besetzen:

- Verkäufer/-in – Herrenoberbekleidung
- 1. Verkäufer/-in – Damenwäsche
- Abteilungsleiter/-in – Damenmode

Sefanie Beyer und Jakub Nowak werden von der Leiterin der Personalabteilung beauftragt, die Entwürfe für die Stellenanzeigen zu erstellen.

Nutzen Sie zur Lösung der Handlungsaufgaben die Informationen zum Anforderungsprofil und zu Stellenanzeigen in Ihrem Lehrbuch „Einzelhandel 4.0, 3. Ausbildungsjahr“, Lernfeld 13, Kapitel 3 (Einstellung von neuen Mitarbeitern).

HANDLUNGSAUFGABEN

G a) Lesen Sie das Kapitel 13.3 im Schulbuch „Einzelhandel 4.0“ durch.
b) Suchen Sie die Begriffe heraus, die Sie nicht verstehen.
c) Tragen Sie diese Begriffe in das Glossar am Ende des Arbeitsbuchs ein.
d) Klären Sie anschließend diese Begriffe mithilfe Ihrer Mitschülerinnen und Mitschüler sowie Ihrer Lehrerin/Ihres Lehrers.
e) Halten Sie die Erklärung für den jeweiligen Begriff ebenfalls im Glossar am Ende des Arbeitsbuchs fest.

1. Welche Fragen müssen Stefanie Beyer und Jakub Nowak klären, um den Auftrag zur Zufriedenheit der Leiterin der Personalabteilung zu erfüllen?

2. Stellen Sie die Angaben zusammen, die ein Anforderungsprofil für eine zu besetzende Stelle enthalten sollte.

533488

3. **Erstellen Sie das Anforderungsprofil für die zu besetzende Stelle einer Verkäuferin/eines Verkäufesr für Herrenoberbekleidung.**

Stellenbezeichnung	

4. **Erstellen Sie das Anforderungsprofil für die zu besetzende Stelle einer 1. Verkäuferin/eines 1. Verkäufers für den Bereich Damenwäsche.**

Stellenbezeichnung	

5. **Erstellen Sie das Anforderungsprofil für die zu besetzende Stelle einer Abteilungsleiterin/eines Abteilungsleiters in der Damenmodeabteilung.**

Stellenbezeichnung	

6. **Stellen Sie die Informationen, die eine Stellenanzeige enthalten sollte, in einer Übersicht zusammen.**

533490

7. **Erstellen Sie einen Entwurf für die Stellenanzeige Verkäuferin/Verkäufer für Herrenoberbekleidung.**

8. **Erstellen Sie einen Entwurf für die Stellenanzeige „1. Verkäuferin/1. Verkäufer im Bereich Damenwäsche".**

533492

9. **Erstellen Sie einen Entwurf für die Stellenanzeige „Abteilungsleiterin/Abteilungsleiter Damenmode“.**

VERTIEFUNGS- UND ANWENDUNGSAUFGABEN

Zur weiteren Vertiefung und Sicherung der Lernergebnisse empfehlen wir das Bearbeiten der 1. und 2. Aufgabe im Kapitel 3 (Einstellung von neuen Mitarbeitern) des Lernfeldes 13 in Ihrem Lehrbuch „Einzelhandel 4.0, 3. Ausbildungsjahr“.

3 Auswahl von Stellenbewerberinnen und -bewerbern für ein Vorstellungsgespräch

HANDLUNGSSITUATION

Die Tom Hoss KG benötigt eine neue Verkäuferin oder einen neuen Verkäufer für Herrenoberbekleidung in der Filiale des SüdWestZentrums Berlin.

Auf die von Stefanie Beyer und Jakub Nowak entworfene Stellenanzeige haben sich vier Personen beworben.

Wir haben ehrgeizige Ziele und sind an aktiven Mitarbeiterinnen und Mitarbeitern interessiert.

Wir suchen heute

eine Verkäuferin/einen Verkäufer für Herrenoberbekleidung

für unsere Filiale im SüdWestZentrum Berlin

Wir erwarten von unseren neuen Mitarbeiterinnen und Mitarbeitern

- überdurchschnittliche Einsatzbereitschaft
- die Fähigkeit, vorhandene Fachkenntnisse in verkäuferische Argumente umzusetzen
- weitgehend selbstständiges, kreatives Arbeiten
- sicheres Auftreten, Durchsetzungsvermögen

Wir bieten Ihnen teamorientiertes Arbeiten, leistungsgerechte Bezahlung und interessante Sozialleistungen.

Bewerbungen mit Lebenslauf und Zeugnissen richten Sie bitte an:

Tom Hoss KG

Frau Harder • Grunerstraße 120 • 10169 Berlin

Die Leiterin des Personalwesens, Frau Harder, bittet Stefanie Beyer und Jakub Nowak, sie bei der Auswahl der neuen Verkäuferin oder des neuen Verkäufers zu unterstützen. Sie beauftragt die beiden,

- die eingegangenen Bewerbungsunterlagen auf Vollständigkeit zu überprüfen und
- eine Vorauswahl für ein Vorstellungsgespräch vorzunehmen.

Nutzen Sie zur Lösung der Handlungsaufgaben die Informationen zu Bewerbungsunterlagen und zur Beurteilung von Bewerbungen in Ihrem Lehrbuch „Einzelhandel 4.0, 3. Ausbildungsjahr“, Lernfeld 13, Kapitel 3 (Einstellung von neuen Mitarbeitern).

533494

HANDLUNGSAUFGABEN

G
a) **Lesen Sie das Kapitel 13.3 im Schulbuch „Einzelhandel 4.0“ durch.**
b) **Suchen Sie die Begriffe heraus, die Sie nicht verstehen.**
c) **Tragen Sie diese Begriffe in das Glossar am Ende des Arbeitsbuchs ein.**
d) **Klären Sie anschließend diese Begriffe mithilfe Ihrer Mitschülerinnen und Mitschüler sowie Ihrer Lehrerin/Ihres Lehrers.**
e) **Halten Sie die Erklärung für den jeweiligen Begriff ebenfalls im Glossar am Ende des Arbeitsbuchs fest.**

1. **Welche Fragen müssen Stefanie und Jakub klären, um die geschilderte Aufgabe zu lösen?**

2. **Stellen Sie fest, welche Unterlagen bei einer schriftlichen Bewerbung eingereicht werden müssen.**

3. **Stellen Sie Kriterien für die Bewertung der Bewerbungsunterlagen in einer Übersicht zusammen.**

4. Bewerten Sie die eingegangenen Bewerbungsunterlagen auf der Grundlage dieser Kriterien und treffen Sie eine begründete Vorauswahl für ein Vorstellungsgespräch.

Bewerbung 1

Johanna Schütte
Marie-Curie-Allee 14
10315 Berlin

Tom Hoss KG
Frau Harder
Grunerstraße 120
10169 Berlin

Berlin, 17. Mai 20..

Bewerbung

Sehr geehrte Frau Harder,

aufgrund Ihrer Anzeige in der Berliner Zeitung vom 14. Mai 20.. bewerbe ich mich um die Stelle als Verkäuferin für Herrenoberbekleidung in Ihrer Filiale im SüdWestZentrum Berlin.

Bis zum 30. April 20.. war ich bei der Firma „Mode Menke" in Berlin, Französische Straße 14, als Verkäuferin tätig. Hier konnte ich mir die Warenkenntnisse und Verkaufserfahrungen aneignen, die für die von Ihnen ausgeschriebene Stelle erforderlich sind.

Nähere Einzelheiten über meine Person und meinen beruflichen Werdegang können Sie meinem Lebenslauf und dem beigefügten Zeugnis entnehmen.

Ich wäre Ihnen dankbar, wenn Sie meine Bewerbung berücksichtigen würden.
Zu einer persönlichen Vorstellung bin ich jederzeit bereit.

Mit freundlichem Gruß

Johanna Schütte

Anlagen

533496

Johanna Schütte
Marie-Curie-Allee 14
10315 Berlin

Lebenslauf

Name:	Johanna Schütte
Geburtsdatum:	27. April 1985
Geburtsort:	Berlin
Familienstand:	ledig
Schulbildung:	vom 1. August 1991 bis 31. Juli 1995 Grundschule, Berlin-Lichterfelde vom 1. August 1995 bis 31. Juli 2001 Käthe-Kollwitz-Schule, Berlin-Lichterfelde
Berufsausbildung:	vom 1. August 2001 bis 31. Mai 2004 Ausbildung zur Kauffrau im Einzelhandel bei der Firma „Moden Schmidt“, Luisenstraße 23, Berlin-Lichterfelde
Berufstätigkeit:	vom 1. Juni 2004 bis 30. April 20 . . bei der Firma „Mode Menke“ als Verkäuferin beschäftigt

Berlin, 17. Mai 20 . .

Arbeitszeugnis für Johanna Schütte

Frau Johanna Schütte, geboren am 27. April 1985 in Berlin, war vom 1. Juni 2004 bis 30. April 20.. als Verkäuferin in unserem Fachgeschäft in Berlin beschäftigt.

Ihr Aufgabengebiet umfasste:
- die Beratung von Kundinnen und Kunden,
- die Regalpflege und
- Tätigkeiten an der Kasse.

Frau Schütte verfügt über ein äußerst umfassendes und hervorragendes Fachwissen, das sie zur Bewältigung ihrer Aufgaben stets sehr sicher und erfolgreich einsetzte. Sie hat sich innerhalb kürzester Zeit in den ihr gestellten Aufgabenbereich eingearbeitet. Sie war äußerst zuverlässig. Dabei war sie auch höchstem Zeitdruck und Arbeitsaufwand stets gewachsen. Sie beeindruckte stets durch qualitativ und quantitativ hervorragende Ergebnisse. Frau Schütte hat die ihr übertragenen Aufgaben stets zu unserer vollsten Zufriedenheit erledigt. Ihr Verhalten gegenüber Vorgesetzten, Kolleginnen und Kollegen sowie Kundinnen und Kunden war stets hervorragend.

Frau Schütte verlässt unser Unternehmen auf eigenen Wunsch.

Wir danken Frau Schütte für die stets hervorragende Zusammenarbeit und bedauern es sehr, sie als Mitarbeiterin zu verlieren. Für ihren weiteren Berufs- und Lebensweg wünschen wir ihr alles Gute und auch weiterhin viel Erfolg.

Mode Menke, Herrenausstatter

Claudia Menke

Bewerbung 2

Petra Neuhaus
Neptunstraße 6
13409 Berlin

Tom Hoss KG
Frau Harder
Grunerstraße 120
10169 Berlin

Berlin, 18. Mai 20..

Bewerbung

Sehr geehrte Frau Harder,

in Ihrer Anzeige der Berliner Zeitung vom 14. Mai 20.. bieten Sie eine Stelle als Verkäuferin für Herrenoberbekleidung in Ihrer Filiale im SüdWestZentrum Berlin an.

Ich bewerbe mich um die Stelle.

Bis zum 30.06. 20.. war ich bei der Firma „Herrenmoden Stolle" in Berlin/Schöneberg, Münchener Straße 5, als Verkäuferin tätig. Hier konnte ich mir die für die von Ihnen ausgeschriebene Stelle erforderlichen Warenkenntnisse und Verkaufserfahrungen aneignen.

Nähere Angaben zu meiner Person und meinem beruflichen Werdegang können Sie meinem Lebenslauf und dem beigefügten Zeugnis entnehmen.

Ich wäre Ihnen dankbar, wenn Sie meine Bewerbung berücksichtigen würden.
Zu einer persönlichen Vorstellung bin ich jederzeit bereit.

Mit freundlichem Gruß

Petra Neuhaus

Anlagen

Petra Neuhaus
Neptunstraße 6
13409 Berlin

Lebenslauf

Name:	Petra Neuhaus
Geburtsdatum:	15. Juli 1995
Geburtsort:	Berlin
Familienstand:	verheiratet
Schulbildung:	vom 1. August 2001 bis 31. Juli 2005 Grundschule Wedding vom 1. August 2005 bis 31. Juli 2011 Heinrich-Heine-Schule Berlin-Wedding
Berufsausbildung:	vom 1. August 2011 bis 31. Mai 2014 Ausbildung zur Kauffrau im Einzelhandel bei der Firma „Herrenausstatter Schütt“, Weserstraße 198, Berlin
Berufstätigkeit:	vom 1. Juni 2014 bis 30. Juni 20.. bei der Firma „Herrenmoden Stolle“ als Verkäuferin für Herrenoberbekleidung beschäftigt

Berlin, 18. Mai 20..

Arbeitszeugnis für Petra Neuhaus

Frau Petra Neuhaus, geboren am 15. Juli 1995 in Berlin, war vom 1. Juni 2014 bis 30. Juni 20.. als Verkäuferin in unserem Unternehmen tätig.

Ihr Aufgabengebiet umfasste:
- die Fachberatung von Kundinnen und Kunden,
- die verkaufsaktive Warenpräsentation und
- Tätigkeiten an der Kasse.

Frau Neuhaus verfügt über ein den Anforderungen entsprechendes Fachwissen. Sie hat sich unseren Erwartungen entsprechend in den ihr gestellten Aufgabenbereich eingearbeitet. Sie war zuverlässig und erledigte die entscheidenden Aufgaben problemlos. Dabei war sie üblichem Zeitdruck und Arbeitsaufwand gewachsen. Sie strebte gute Ergebnisse an. Frau Neuhaus hat die ihr übertragenen Aufgaben zu unserer Zufriedenheit erledigt. Ihr Verhalten gegenüber Kolleginnen, Kollegen und Vorgesetzten war zufriedenstellend.

Frau Neuhaus verlässt unser Unternehmen im gegenseitigen Einvernehmen.

Wir danken Frau Neuhaus für die erbrachte Leistung und wünschen ihr für die Zukunft weiterhin alles Gute.

Herrenmoden Stolle

Stolle

Bewerbung 3

Lena Krüger
Straßburger Straße 2
10405 Berlin

Tom Hoss KG
Frau Harder
Grunerstraße 120
10169 Berlin

Berlin, 17. Mai 20. .

Bewerbung

Sehr geehrte Frau Harder,

hiermit bewerbe ich mich auf Ihre in der Berliner Zeitung vom 14. Mai 20. . ausgeschriebene Stelle als Verkäuferin für Herrenoberbekleidung in Ihrer Filiale im SüdWestZentrum Berlin.

Bis zum 30. März 20. . war ich bei der Firma „Textilkaufhaus Wertmüller" in Potsdam als Verkäuferin für Herrenoberbekleidung tätig. Hier konnte ich mir die Warenkenntnisse und Verkaufserfahrungen aneignen, die für die von Ihnen ausgeschriebene Stelle erforderlich sind.

Nähere Einzelheiten über meine Person und meinen beruflichen Werdegang können Sie meinem Lebenslauf und dem beigefügten Zeugnis entnehmen.

Ich könnte die Stelle in Ihrem Geschäft frühestens am 1. Juni 20. . antreten.
Ich würde mich sehr freuen, wenn Sie meine Bewerbung berücksichtigen würden.
Zu einer persönlichen Vorstellung bin ich jederzeit bereit.

Mit freundlichem Gruß

Lena Krüger

Anlagen

5334102

Lena Krüger
Straßburger Straße 2
10405 Berlin

Lebenslauf

Name:	Lena Krüger
Geburtsdatum:	17. November 2000
Geburtsort:	Potsdam
Familienstand:	ledig
Schulbildung:	vom 1. August 2006 bis 31. Juli 2010 Heinrich-Böll-Schule, Potsdam vom 1. August 2010 bis 31. Juli 2016 Berthold-Brecht-Oberschule, Potsdam
Berufsausbildung:	vom 1. August 2016 bis 31. Mai 2019 Ausbildung zur Kauffrau im Einzelhandel bei der Firma „Herrenmoden Weinert“, Hans-Arbers-Straße 3, Potsdam
Berufstätigkeit:	vom 1. Juni 2019 bis 30. März 20.. bei der Firma „Textilkaufhaus Wertmüller“ als Verkäuferin beschäftigt

Berlin, 17. Mai 20..

Arbeitszeugnis für Lena Krüger

Frau Lena Krüger, geboren am 17. November 2000 in Potsdam, war vom 1. August 2019 bis 30. März 20.. als Verkäuferin in unserem Textilkaufhaus beschäftigt.

Zu ihren Aufgaben gehörten:
- die Beratung von Kundinnen und Kunden,
- die Regal- und Warenpflege und
- das Kassieren des Verkaufspreises.

Frau Krüger verfügt über ein umfassendes und gutes Fachwissen, das sie zur Bewältigung ihrer Aufgaben sehr sicher und erfolgreich einsetzte. Sie hat sich innerhalb kurzer Zeit in den ihr gestellten Aufgabenbereich eingearbeitet. Sie verfolgte die vereinbarten Ziele nachhaltig und erfolgreich. Sie war sehr zuverlässig und ihr Arbeitsstil war stets geprägt durch sorgfältige Planung und Systematik. Dabei war sie auch erhöhtem Zeitdruck und Arbeitsaufwand gut gewachsen. Sie lieferte stets qualitativ und quantitativ gute Ergebnisse. Frau Krüger hat die ihr übertragenen Aufgaben stets zu unserer vollen Zufriedenheit erledigt. Ihr Verhalten gegenüber Vorgesetzten, Kolleginnen und Kollegen sowie Kundinnen und Kunden war stets einwandfrei.

Frau Krüger verlässt unser Unternehmen auf eigenen Wunsch.

Wir danken Frau Krüger für ihre wertvolle Mitarbeit und bedauern es, sie als Mitarbeiterin zu verlieren. Für ihren weiteren Berufs- und Lebensweg wünschen wir ihr alles Gute und auch weiterhin viel Erfolg.

Textilkaufhaus Wertmüller

Waltraud Fricke

5334104

Bewerbung 4

Klaus Jander
Stendaler Straße 24
12627 Berlin

Tom Hoss KG
Frau Harder
Grunerstraße 120
10169 Berlin

Berlin, 18. Mai 20..

Bewerbung

Sehr geehrte Frau Harder,

ich bewerbe mich hiermit für die von Ihnen ausgeschriebene Stelle als Verkäufer für Herrenoberbekleidung in Ihrer Filiale im SüdWestZentrum Berlin.

In der Zeit vom 1. Juni 2012 bis zum 30. September 20   war ich bei der Firma „Realkauf" in Berlin-Hellersdorf in der Textilabteilung als Verkäufer tätig. Hier habe ich mir die Warenkenntnisse und Verkaufserfahrungen angeeignet, die für die von Ihnen ausgeschriebene Stelle erforderlich sind.

Weitere Informationen über meine Person und meinen beruflichen Werdegang können Sie meinem Lebenslauf und dem beigefügten Zeugnis entnehmen.

Ich würde mich freuen, wenn Sie meine Bewerbung berücksichtigen würden.

Mit freundlichem Gruß

Klaus Jander

Anlagen

Klaus Jander
Stendaler Straße 24
12627 Berlin

Lebenslauf

Name:	Klaus Jander
Geburtsdatum:	15. Mai 1993
Geburtsort:	Wittenberge
Familienstand:	verheiratet
Schulbildung:	vom 1. August 1999 bis 31. Juli 2003 Grundschule Wittenberge vom 1. August 2003 bis 31. Juli 2009 Wilhelm-Leuschner-Oberschule Wittenberge
Berufsausbildung:	vom 1. August 2009 bis 31. Mai 2012 Ausbildung zum Kaufmann im Einzelhandel bei der Firma „Junge Mode“, Fleischerstraße, Wittenberge
Berufstätigkeit:	vom 1. Juni 2012 bis 30. September 20 . . bei der Firma „Realkauf“, Berlin-Hellersdorf als Verkäufer in der Textilabteilung

Berlin, 17. Mai 20 . .

Arbeitszeugnis für Herrn Klaus Jander

Herr Klaus Jander, geboren am 15. Mai 1993 in Wittenberge, war vom 1. Juni 2012 bis 30. September 20.. als Mitarbeiter in der Textilabteilung unseres Unternehmens beschäftigt.

Sein Aufgabengebiet umfasste:
- die Regal- und Warenpflege,
- die verkaufsaktive Warenpräsentation und
- Tätigkeiten an der Kasse.

Herr Jander verfügt über ein solides Fachwissen, das er zur Bewältigung seiner Aufgaben erfolgreich einsetzte. Er hat sich engagiert in den ihm gestellten Aufgabenbereich eingearbeitet und verfolgte die vereinbarten Ziele nachhaltig. Er war zuverlässig. Dabei war er auch hohem Zeitdruck und Arbeitsaufwand gewachsen. Die Qualität seiner Arbeitsergebnisse erfüllte in vollem Umfang die an ihn gestellten Anforderungen. Herr Jander hat die ihm übertragenen Aufgaben zu unserer vollen Zufriedenheit erledigt. Sein Verhalten gegenüber Vorgesetzten, Kolleginnen, Kollegen sowie Kundinnen und Kunden war einwandfrei.

Das Arbeitsverhältnis endet aus betriebsbedingten Gründen zum 30. September 20...

Wir danken Herrn Jander für die erbrachte Leistung und wünschen ihm für die Zukunft weiterhin alles Gute.

Realkauf

Lehmann

VERTIEFUNGS- UND ANWENDUNGSAUFGABEN

Zur weiteren Vertiefung und Sicherung der Lernergebnisse empfehlen wir das Bearbeiten der 3. und 4. Aufgabe im Kapitel 3 (Einstellung von neuen Mitarbeitern) des Lernfeldes 13 in Ihrem Lehrbuch „Einzelhandel 4.0, 3. Ausbildungsjahr".

4 Auswahlentscheidung für die ausgeschriebene Stelle

HANDLUNGSSITUATION

Auf die Anzeige für die Stelle „Verkäuferin/Verkäufer für Herrenoberbekleidung" haben sich vier Personen beworben. Von diesen vier Personen haben Stefanie Beyer und Jakub Nowak nach Rücksprache mit der Leiterin des Personalwesens, Frau Harder, zwei Bewerberinnen bzw. Bewerber zu einem Vorstellungsgespräch eingeladen.

Diese Vorstellungsgespräche wird Frau Harder durchführen.

Sie bittet Stefanie Beyer und Jakub Nowak, sie zu unterstützen und die Vorstellungsgespräche mit den ausgewählten Bewerberinnen und Bewerbern vorzubereiten.

Nutzen Sie zur Lösung der Handlungsaufgaben die Informationen zum Vorstellungsgespräch, Fragebogen und Assessment-Center in Ihrem Lehrbuch „Einzelhandel 4.0, 3. Ausbildungsjahr", Lernfeld 13, Kapitel 3 (Einstellung von neuen Mitarbeitern).

HANDLUNGSAUFGABEN

G
a) Lesen Sie das Kapitel 13.3 im Schulbuch „Einzelhandel 4.0" durch.
b) Suchen Sie die Begriffe heraus, die Sie nicht verstehen.
c) Tragen Sie diese Begriffe in das Glossar am Ende des Arbeitsbuchs ein.
d) Klären Sie anschließend diese Begriffe mithilfe Ihrer Mitschülerinnen und Mitschüler sowie Ihrer Lehrerin/Ihres Lehrers.
e) Halten Sie die Erklärung für den jeweiligen Begriff ebenfalls im Glossar am Ende des Arbeitsbuchs fest.

1. Welche Fragen müssen Stefanie und Jakub klären, um den Auftrag zu erfüllen?

2. **Erstellen Sie einen Ablaufplan für die Vorstellungsgespräche.**

3. **Stellen Sie fest, welche Inhalte Frau Harder in den einzelnen Phasen des Vorstellungsgesprächs ansprechen sollte.**

4. **Sammeln Sie Beurteilungskriterien für die durchzuführenden Vorstellungsgespräche.**

5. **Versetzen Sie sich in die Rolle von Frau Harder und führen Sie zwei Vorstellungsgespräche mit den in Lernsituation 3 ausgewählten Bewerberinnen und Bewerbern in einem Rollenspiel durch. Werten Sie die Vorstellungsgespräche unter Berücksichtigung der in Aufgabe 4 gesammelten Kriterien aus.**

6. **Treffen Sie eine begründete Auswahlentscheidung für die ausgeschriebene Stelle.**

VERTIEFUNGS- UND ANWENDUNGSAUFGABEN

1. **Beschreiben Sie die möglichen Bestandteile eines Assessment-Centers.**

2. **Welche Vorteile bietet das Assessment-Center im Vergleich zu anderen Personalauswahlverfahren (Vorstellungsgespräche, Fragebogen, Tests)?**

Zur weiteren Vertiefung und Sicherung der Lernergebnisse empfehlen wir das Bearbeiten der 5. und 7. Aufgabe im Kapitel 3 (Einstellung von neuen Mitarbeitern) des Lernfeldes 13 in Ihrem Lehrbuch „Einzelhandel 4.0, 3. Ausbildungsjahr“.

5334112

5 Einstellung einer neuen Mitarbeiterin oder eines neuen Mitarbeiters

HANDLUNGSSITUATION

Die Leiterin des Funktionsbereichs Personal, Frau Harder, bittet Stefanie Beyer, die Einstellung der neuen Verkäuferin bzw. des neuen Verkäufers für Herrenoberbekleidung vorzubereiten und einen Arbeitsvertragsentwurf für die neue Mitarbeiterin oder den neuen Mitarbeiter zu erstellen.

Nutzen Sie zur Lösung der Handlungsaufgaben die Informationen zum Arbeitsvertrag in Ihrem Lehrbuch „Einzelhandel 4.0, 3. Ausbildungsjahr“, Lernfeld 13, Kapitel 4 (Abschluss von Arbeitsverträgen).

HANDLUNGSAUFGABEN

G a) **Lesen Sie das Kapitel 13.4 im Schulbuch „Einzelhandel 4.0“ durch.**
b) **Suchen Sie die Begriffe heraus, die Sie nicht verstehen.**
c) **Tragen Sie diese Begriffe in das Glossar am Ende des Arbeitsbuchs ein.**
d) **Klären Sie anschließend diese Begriffe mithilfe Ihrer Mitschülerinnen und Mitschüler sowie Ihrer Lehrerin/Ihres Lehrers.**
e) **Halten Sie die Erklärung für den jeweiligen Begriff ebenfalls im Glossar am Ende des Arbeitsbuchs fest.**

1. Welche Fragen muss Stefanie Beyer klären, um den Auftrag ordnungsgemäß zu erfüllen?

2. Stellen Sie fest, welche Personen bei der Einstellung der neuen Mitarbeiterin oder des neuen Mitarbeiters beteiligt werden müssen.

3. Erstellen Sie eine Übersicht der wesentlichen Inhalte eines Arbeitsvertrags.

4. Erstellen Sie eine Übersicht der Bestimmungen des Arbeitszeitgesetzes und des Bundesurlaubsgesetzes, die bei der Gestaltung des Arbeitsvertrags berücksichtigt werden müssen.

Nutzen Sie dazu die folgenden Informationen zum Arbeitszeitgesetz und den Auszug aus dem Bundesurlaubsgesetz.

Gültigkeitsbereich des Arbeitszeitgesetzes

Die Bestimmungen des Arbeitszeitgesetzes gelten in der Industrie, im Handwerk (außer in Bäckereien und Konditoreien), im Handel und in sonstigen Dienstleistungsbetrieben für alle Arbeiterinnen, Arbeiter, Angestellten und Auszubildenden über 18 Jahre. Sie gelten nicht für:

- leitende Angestellte
- Chefärztinnen und Chefärzte
- Leiterinnen und Leiter öffentlicher Dienststellen und deren Vertreterinnen oder Vertreter
- Arbeitnehmerinnen und Arbeitnehmer im öffentlichen Dienst, die selbstständig in Personalangelegenheiten entscheiden dürfen.

Für Beschäftigte unter 18 Jahren gelten die Bestimmungen des Jugendarbeitsschutzgesetzes.

Höchstarbeitszeit

Das Arbeitszeitgesetz bestimmt, dass die regelmäßige Arbeitszeit an Werktagen die Dauer von acht Stunden nicht überschreiten darf. Dabei sind die Ruhepausen nicht Bestandteil der täglichen Arbeitszeit. Das Arbeitszeitgesetz erlaubt eine Verlängerung der täglichen Höchstarbeitszeit auf bis zu zehn Stunden nur, wenn dadurch die durchschnittliche werktägliche Arbeitszeit innerhalb von sechs Monaten oder 24 Wochen nicht überschritten wird. Ohne Ausgleich kann der 8-Stunden-Tag durch Tarifvertrag an höchstens 60 Werktagen auf bis zu zehn Stunden verlängert werden.

Ruhezeiten und Ruhepausen

Die Beschäftigten haben bei einer täglichen Arbeitszeit von mehr als sechs Stunden Anspruch auf mindestens eine halbstündige oder zwei viertelstündige Ruhepausen. Bei einer täglichen Arbeitszeit von mehr als neun Stunden müssen die Ruhepausen mindestens 45 Minuten betragen.

Die einzelnen Ruhepausen müssen mindestens fünfzehn Minuten lang sein.

Zwischen zwei Arbeitstagen muss die ununterbrochene Ruhezeit für die Beschäftigten mindestens elf Stunden betragen.

[...]

Sonn- und Feiertagsruhe

An Sonn- und Feiertagen dürfen Arbeiterinnen, Arbeiter, Angestellte und Auszubildende grundsätzlich nicht beschäftigt werden.

Ausnahmen lässt das Arbeitszeitgesetz jedoch u. a. für das Verkehrsgewerbe, das Gast- und Schankgewerbe, Krankenhäuser und die Landwirtschaft zu.

Auszug aus dem Bundesurlaubsgesetz

§ 3 Dauer des Urlaubs

(1) Der Urlaub beträgt jährlich mindestens 24 Werktage.

(2) Als Werktage gelten alle Kalendertage, die nicht Sonn- oder gesetzliche Feiertage sind.

5334114

5. Stellen Sie die Bestimmungen des für die Tom Hoss KG maßgeblichen Tarifvertrags zusammen, die bei der Festlegung der Gehaltshöhe und der Arbeitszeit im Arbeitsvertrag für die neue Verkäuferin oder den neuen Verkäufer für Herrenoberbekleidung beachtet werden müssen.

Nutzen Sie dazu die folgenden Informationen zum Manteltarifvertrag und zum Lohn- und Gehaltstarifvertrag für Unternehmen des Einzelhandels.

Tarifbereich/Branche **Einzelhandel** – mit Tankstellen- und Garagengewerbe –

Fachlicher Geltungsbereich

Die Tarifverträge gelten für Unternehmen des Einzelhandels einschließlich ihrer Hilfs- und Nebenbetriebe sowie für die von diesen Betrieben beschäftigten Arbeitnehmer. Die Tarifverträge gelten auch in Filialunternehmen des Einzelhandels. Dazu gehören auch die Verkaufsstellen der Lebensmittelfilialbetriebe, ihre Hauptverwaltungen, Nebenbetriebe und Lager. Außerdem gelten die Tarifverträge in Versandunternehmen des Einzelhandels sowie in Betrieben, deren Schwerpunkt im Einzelhandel liegt, und in Betrieben des Tankstellen- und Garagengewerbes (s. auch gesondertes Datenblatt Tankstellen- und Garagengewerbe).

Laufzeit des Manteltarifvertrags: gültig ab 01.05.2013 – kündbar zum 30.04.2015

Laufzeit des Lohn- und Gehaltstarifvertrags: gültig ab 01.05.2021 – kündbar zum 30.04.2023 (einschl. Ausbildungsvergütungen)

[...]

Höhe der Monatsgehälter für Angestellte

	ab 01.05.2021	**ab 01.09.2021**	**ab 01.05.2022**

Unterste Gehaltsgruppe

Angestellte ohne abgeschlossene kaufmännische Ausbildung oder Angestellte ohne eine abgeschlossene gleichwertige Ausbildung.

	1.701,00 € bis 2.704,00 €	1.752,00 € bis 2.785,00 €	1.782,00 € bis 2.832,00 €

Einstieg nach Ausbildung

Angestellte mit abgeschlossener kaufmännischer Ausbildung mit einfacher kaufmännischer Tätigkeit; Angestellte ohne Ausbildung können mit Beginn des 4. Tätigkeitsjahres der Verkäuferin/dem Verkäufer gleichgestellt werden.

1. Berufsjahr	1.850,00 €	1.905,00 €	1.938,00 €
2. Berufsjahr	1.903,00 €	1.960,00 €	1.993,00 €

3. Berufsjahr	2.174,00 €	2.188,00 €	2.225,00 €
4. Berufsjahr	2,174,00 €	2.239,00 €	2.277,00 €
5. Berufsjahr	2.385,00 €	2.457,00 €	2.499,00 €
6. Berufsjahr	2.704,00 €	2.765,00 €	2.832,00 €

Nach 2-jähriger Ausbildung (Verkäufer/-innen) gilt das 1. Berufsjahr als zurückgelegt, nach 3-jähriger Ausbildung (Einzelhandelskaufleute) gelten das 1. und 2. Berufsjahr als zurückgelegt.

Höchste Gehaltsgruppe

Angestellte in leitender Stellung mit Anweisungsbefugnissen und mit entsprechender Verantwortung für ihren Tätigkeitsbereich, und zwar in Arbeitsbereichen mit in der Regel mehr als 8 unterstellten festangestellten Vollbeschäftigten einschließlich der Auszubildenden sowie hauptamtliche Personalausbildungsleiter.

3.701,00 € bis 5.083,00 € | 3.782,00 € bis 5.164,00 € | 3.846,00 € bis 5.252,00 €

[...]

Wöchentliche Regelarbeitszeit

37,5 Stunden

Urlaubsdauer

36 Werktage

Zusätzliches Urlaubsgeld

50 % eines Verkäufergehalts/Verkäuferinnengehalts (letztes Berufsjahr) nach dem Stand vom jeweiligen Jahresanfang. Auszubildende und diesen Gleichzustellende erhalten $^2/_3$ des o. a. Betrags.

Jahressonderzahlung (Weihnachtsgeld)

62,5 % eines tariflichen Monatseinkommens nach mehr als 12-monatiger ununterbrochener Betriebszugehörigkeit am 1. Dezember des Kalenderjahres

Vermögenswirksame Leistung

13,29 € Arbeitgeberanteil je Monat

[...]

Quelle: Ministerium für Arbeit, Gesundheit und Soziales des Landes Nordrhein-Westfalen: Das Tarifregister Nordrhein-Westfalen. In: www.tarifregister.nrw.de. http://www.tarifregister.nrw.de/material/einzelhandel2.pdf [10.11.2023].

5334116

6. Erstellen Sie den Arbeitsvertragsentwurf.

Arbeitsvertrag

Zwischen ______________________________

(Name und Adresse des Arbeitgebers) – nachfolgend „Arbeitgeber“ genannt –

vertreten durch ______________________________

und

Herrn/Frau ______________________________

wohnhaft ______________________________

– nachfolgend „Arbeitnehmer/-in“ genannt –

wird folgender Arbeitsvertrag geschlossen:

§ 1 Beginn des Arbeitsverhältnisses

Das Arbeitsverhältnis beginnt am 01.07.20...

§ 2 Probezeit

Das Arbeitsverhältnis wird auf unbestimmte Zeit geschlossen. Die ersten drei Monate gelten als Probezeit. Während der Probezeit kann das Arbeitsverhältnis beiderseits mit einer Frist von zwei Wochen gekündigt werden.

§ 3 Tätigkeit

Der Arbeitnehmer/Die Arbeitnehmerin wird als ______________ eingestellt und vor allem mit folgenden Arbeiten beschäftigt:

____

____

____

Er/Sie verpflichtet sich, auch andere Arbeiten auszuführen – auch an einem anderen Ort –, die seinen/ihren Vorkenntnissen und Fähigkeiten entsprechen. Dies gilt, soweit dies bei Abwägung der Interessen des Arbeitgebers und des Arbeitnehmers/der Arbeitnehmerin zumutbar und nicht mit einer Lohnminderung verbunden ist.

§ 4 Arbeitsvergütung

Der Arbeitnehmer/Die Arbeitnehmerin erhält eine monatliche Bruttovergütung von ______________ €.

Soweit eine zusätzliche Zahlung vom Arbeitgeber gewährt wird, handelt es sich um eine freiwillige Leistung. Auch die wiederholte vorbehaltslose Zahlung begründet keinen Rechtsanspruch auf Leistungsgewährung für die Zukunft. Ein Anspruch auf Zuwendungen besteht nicht für Zeiten, in denen das Arbeitsverhältnis ruht und kein Anspruch auf Arbeitsentgelt besteht. Dies gilt insbesondere für Elternzeit, Wehr- und Bundesfreiwilligendienst und unbezahlte Freistellung. Voraussetzung für die Gewährung einer Gratifikation ist stets, dass das Arbeitsverhältnis am Auszahlungstag weder beendet noch gekündigt ist.

§ 5 Arbeitszeit

Die regelmäßige wöchentliche Arbeitszeit beträgt zurzeit ________ Stunden. Beginn und Ende der täglichen Arbeitszeit richten sich nach der betrieblichen Einteilung.

§ 6 Urlaub

Der Arbeitnehmer/Die Arbeitnehmerin hat Anspruch auf einen gesetzlichen Mindesturlaub von ______ Arbeitstagen im Kalenderjahr – ausgehend von einer Fünf-Tage-Woche. Der Arbeitgeber gewährt zusätzlich einen vertraglichen Urlaub von weiteren ______ Arbeitstagen. Bei der Gewährung von Urlaub wird zuerst der gesetzliche Urlaub eingebracht.

Bei Ausscheiden in der zweiten Jahreshälfte wird der Urlaubsanspruch gezwölftelt, wobei die Kürzung allerdings nur insoweit erfolgt, als dadurch nicht der gesetzlich vorgeschriebene Mindesturlaub unterschritten wird.

Der Zusatzurlaub mindert sich für jeden vollen Monat, in dem der Arbeitnehmer/die Arbeitnehmerin keinen Anspruch auf Entgelt oder Entgeltfortzahlung hatte. Kann der Zusatzurlaub nicht bis zum Ablauf des 31.03. des Folgejahres in Anspruch genommen werden, verfällt der Urlaubsanspruch ersatzlos auch dann, wenn der Urlaub im Übertragungszeitraum wegen Arbeitsunfähigkeit des Arbeitnehmers/der Arbeitnehmerin nicht genommen werden kann.

Kann der gesetzliche Urlaub wegen der Beendigung des Arbeitsverhältnisses ganz oder teilweise nicht mehr gewährt werden, so ist er abzugelten. In Bezug auf den gesetzlichen Urlaubsanspruch besteht ein Abgeltungsanspruch auch dann, wenn die Inanspruchnahme wegen krankheitsbedingter Arbeitsunfähigkeit nicht erfolgt ist. Eine Abgeltung des übergesetzlichen Urlaubsanspruchs ist ausgeschlossen.

Die rechtliche Behandlung des Urlaubs richtet sich im Übrigen nach den gesetzlichen Bestimmungen.

§ 7 Krankheit

Ist der Arbeitnehmer/die Arbeitnehmerin infolge unverschuldeter Krankheit arbeitsunfähig, so besteht Anspruch auf Fortzahlung der Arbeitsvergütung bis zur Dauer von sechs Wochen nach den gesetzlichen Bestimmungen. Die Arbeitsverhinderung ist dem Arbeitgeber unverzüglich mitzuteilen. Dauert die Arbeitsunfähigkeit länger als drei Kalendertage, hat der Arbeitnehmer/die Arbeitnehmerin eine ärztliche Bescheinigung über das Bestehen sowie deren voraussichtliche Dauer spätestens an dem auf den dritten Kalendertag folgenden Arbeitstag vorzulegen. Diese Nachweispflicht gilt auch nach Ablauf der sechs Wochen. Der Arbeitgeber ist berechtigt, die Vorlage der Arbeitsunfähigkeitsbescheinigung früher zu verlangen.

§ 8 Verschwiegenheitspflicht

Der Arbeitnehmer/Die Arbeitnehmerin verpflichtet sich, während der Dauer des Arbeitsverhältnisses und auch nach dem Ausscheiden über alle Betriebs- und Geschäftsgeheimnisse Stillschweigen zu bewahren.

§ 9 Nebentätigkeit

Jede entgeltliche oder das Arbeitsverhältnis beeinträchtigende Nebenbeschäftigung ist nur mit Zustimmung des Arbeitgebers zulässig.

§ 10 Vertragsstrafe

Der Arbeitnehmer/Die Arbeitnehmerin verpflichtet sich für den Fall, dass er/sie das Arbeitsverhältnis nicht vertragsgemäß antritt oder das Arbeitsverhältnis vertragswidrig beendet, dem Arbeitgeber eine Vertragsstrafe in Höhe einer halben Bruttomonatsvergütung für einen Vertragsbruch bis zum Ende der Probezeit und einer Bruttomonatsvergütung nach dem Ende der Probezeit zu zahlen. Das Recht des Arbeitgebers, weitergehende Schadenersatzansprüche geltend zu machen, bleibt unberührt.

§ 11 Kündigung

Nach Ablauf der Probezeit beträgt die Kündigungsfrist vier Wochen zum 15. oder Ende eines Kalendermonats. Jede gesetzliche Verlängerung der Kündigungsfrist zugunsten des Arbeitnehmers/der Arbeitnehmerin gilt in gleicher Weise auch zugunsten des Arbeitgebers. Die Kündigung bedarf der Schriftform. Vor Antritt des Arbeitsverhältnisses ist die Kündigung ausgeschlossen.

Der Arbeitgeber ist berechtigt, den Arbeitnehmer/die Arbeitnehmerin bis zur Beendigung des Arbeitsverhältnisses freizustellen. Die Freistellung erfolgt unter Anrechnung der dem Arbeitnehmer/der Arbeitnehmerin eventuell noch zustehenden Urlaubsansprüche sowie eventueller Guthaben auf dem Arbeitszeitkonto. In der Zeit der Freistellung hat sich der Arbeitnehmer/die Arbeitnehmerin einen durch Verwendung seiner/ihrer Arbeitskraft erzielten Verdienst auf den Vergütungsanspruch gegenüber dem Arbeitgeber anrechnen zu lassen.

Das Arbeitsverhältnis endet spätestens mit Ablauf des Monats, in dem der Arbeitnehmer/die Arbeitnehmerin das 65. Lebensjahr vollendet hat. Sollte das gesetzliche Rentenalter geändert werden, gilt die Befristung bis zu dem dann jeweils festgelegten Renteneintrittsalter.

5334118

§ 12 Verfall-/Ausschlussfristen

Die Vertragschließenden müssen Ansprüche aus dem Arbeitsverhältnis innerhalb von drei Monaten (oder: sechs Monaten) nach ihrer Fälligkeit schriftlich geltend machen und im Falle der Ablehnung durch die Gegenseite innerhalb von weiteren drei Monaten einklagen.

Andernfalls erlöschen sie. Für Ansprüche aus unerlaubter Handlung verbleibt es bei der gesetzlichen Regelung.

§ 13 Zusätzliche Vereinbarungen

____

____

§ 14 Vertragsänderungen und Nebenabreden

Aus dem reinen einseitigen Verhalten des Arbeitgebers erwachsen dem Arbeitnehmer/der Arbeitnehmerin keine vertraglichen Rechtsansprüche, sofern nicht eine mündliche oder schriftliche einvernehmliche Vertragsänderung vorliegt (Ausschluss der betrieblichen Übung).

Sollten einzelne Bestimmungen dieses Vertrages unwirksam sein oder werden, wird hierdurch die Wirksamkeit des Vertrages im Übrigen nicht berührt.

Der Arbeitnehmer/Die Arbeitnehmerin verpflichtet sich, dem Arbeitgeber unverzüglich über Veränderungen der persönlichen Verhältnisse wie Familienstand, Kinderzahl und Adresse Mitteilung zu machen.

____

Ort, Datum

____

Unterschrift Arbeitgeber | Unterschrift Arbeitnehmer/-in

Quelle: IHK Arbeitsgemeinschaft Hessen, Muster eines Arbeitsvertrages. In: IHK-Startseite, Recht und Steuern, Musterverträge, Arbeitsvertrag (Standard). O.D. https://www.frankfurt-main.ihk.de/recht/mustervertraege/arbeitsvertrag-standard--5196770 [10.11.2023]. (verändert)

7. **Erstellen Sie eine Übersicht der Rechte und Pflichten, die sich aus dem Arbeitsvertrag für die neue Verkäuferin oder den neuen Verkäufer ergeben.**

Rechte des Arbeitnehmers/der Arbeitnehmerin	Pflichten des Arbeitnehmers/der Arbeitnehmerin

8. **Erläutern Sie die von Ihnen in Aufgabe 7 zusammengestellten Rechte und Pflichten Ihrem Nachbarn oder Ihrer Nachbarin.**

____

____

VERTIEFUNGS- UND ANWENDUNGSAUFGABEN

Zur weiteren Vertiefung und Sicherung der Lernergebnisse empfehlen wir das Bearbeiten der Aufgaben im Kapitel 4 (Abschluss von Arbeitsverträgen) des Lernfeldes 13 in Ihrem Lehrbuch „Einzelhandel 4.0, 3. Ausbildungsjahr“.

5334120

6 Entgeltabrechnung für die neue Mitarbeiterin bzw. den neuen Mitarbeiter

HANDLUNGSSITUATION

Lena Krüger wurde als neue Verkäuferin für Herrenoberbekleidung in der Filiale der Tom Hoss KG im SüdWestZentrum eingestellt.

Frau Krüger ist 23 Jahre alt, evangelisch, ledig und hat keine Kinder. Laut Arbeitsvertrag wird sie nach dem zurzeit gültigen Gehaltstarifvertrag bezahlt.

Die Verwaltungsleiterin der Tom Hoss KG beauftragt Jakub Nowak,

- die erste Entgeltabrechnung für die neue Mitarbeiterin zu erstellen und
- der neuen Mitarbeiterin anschließend die Entgeltabrechnung in einem persönlichen Gespräch genau zu erläutern.

Nutzen Sie zur Lösung der Handlungsaufgaben die Informationen in Ihrem Lehrbuch „Einzelhandel 4.0, 3. Ausbildungsjahr“, Lernfeld 13, Kapitel 5 (Entgeltabrechnung).

HANDLUNGSAUFGABEN

G
a) Lesen Sie das Kapitel 13.5 im Schulbuch „Einzelhandel 4.0“ durch.
b) Suchen Sie die Begriffe heraus, die Sie nicht verstehen.
c) Tragen Sie diese Begriffe in das Glossar am Ende des Arbeitsbuchs ein.
d) Klären Sie anschließend diese Begriffe mithilfe Ihrer Mitschülerinnen und Mitschüler sowie Ihrer Lehrerin/Ihres Lehrers.
e) Halten Sie die Erklärung für den jeweiligen Begriff ebenfalls im Glossar am Ende des Arbeitsbuchs fest.

1. Welche Fragen muss Jakub Nowak klären, um die geschilderten Aufträge erfüllen zu können?

2. Ermitteln Sie das Bruttomonatsgehalt von Frau Krüger.

3. **Stellen Sie fest, welche Gehaltsabzüge Jakub Nowak bei der Ermittlung des Nettogehalts von Frau Krüger berücksichtigen muss.**

4. **Ermitteln Sie die Lohnsteuerklasse von Frau Krüger.**

5. **Ermitteln die Lohnsteuer, die Kirchensteuer und den Solidaritätszuschlag, die vom Bruttogehalt abgezogen werden müssen. Nutzen Sie dazu die abgebildete Lohnsteuertabelle.**

Allgemeine Monats-Lohnsteuertabelle 20 . . Teil West mit 9 % Kirchensteuer

Abzüge an Lohnsteuer, Solidaritätszuschlag (SolZ) und Kirchensteuer (8%, 9%) in den Steuerklassen

Lohn/ Gehalt bis €*	I – VI					I, II, III, IV		mit Zahl der Kinderfreibeträge . . .																	
			ohne Kinderfreibeträge					0,5			1			1,5			2			2,5			3		
		LSt	SolZ	8%	9%		LSt	SolZ	8%	9%	SolZ	8%	9%	SolZ	8%	9%	SolZ	8%	9%	SolZ	8%	9%	SolZ	8%	9%
2 825,99	I,IV	283,—	—	22,64	25,47	I	283,—	—	14,42	16,22	—	6,72	7,56	—	0,66	0,74	—	—	—	—	—	—	—	—	—
	II	188,75	—	15,10	16,98	II	188,75	—	7,36	8,28	—	1,07	1,20	—	—	—	—	—	—	—	—	—	—	—	—
	III	39,—	—	3,12	3,51	III	39,—	—	—	—	—	—	—	—	—	—	—	—	—	—	—	—	—	—	—
	V	597,66	—	47,81	53,78	IV	283,—	—	18,46	20,77	—	14,42	16,22	—	10,51	11,82	—	6,72	7,56	—	3,36	3,78	—	0,66	0,74
	VI	637,—	—	50,96	57,33																				
2 828,99	I,IV	283,66	—	22,69	25,52	I	283,66	—	14,47	16,28	—	6,77	7,61	—	0,68	0,77	—	—	—	—	—	—	—	—	—
	II	189,41	—	15,15	17,04	II	189,41	—	7,40	8,33	—	1,10	1,23	—	—	—	—	—	—	—	—	—	—	—	—
	III	39,33	—	3,14	3,53	III	39,33	—	—	—	—	—	—	—	—	—	—	—	—	—	—	—	—	—	—
	V	598,50	—	47,88	53,86	IV	283,66	—	18,52	20,83	—	14,47	16,28	—	10,56	11,88	—	6,77	7,61	—	3,40	3,82	—	0,68	0,77
	VI	638,—	—	51,04	57,42																				
2 831,99	I,IV	284,33	—	22,74	25,58	I	284,33	—	14,52	16,34	—	6,82	7,67	—	0,72	0,81	—	—	—	—	—	—	—	—	—
	II	190,08	—	15,20	17,10	II	190,08	—	7,46	8,39	—	1,13	1,27	—	—	—	—	—	—	—	—	—	—	—	—
	III	39,83	—	3,18	3,58	III	39,83	—	—	—	—	—	—	—	—	—	—	—	—	—	—	—	—	—	—
	V	599,50	—	47,96	53,95	IV	284,33	—	18,57	20,89	—	14,52	16,34	—	10,60	11,93	—	6,82	7,67	—	3,44	3,87	—	0,72	0,81
	VI	638,83	—	51,10	57,49																				
2 834,99	I,IV	285,—	—	22,80	25,65	I	285,—	—	14,57	16,39	—	6,86	7,72	—	0,74	0,83	—	—	—	—	—	—	—	—	—
	II	190,66	—	15,25	17,15	II	190,66	—	7,50	8,44	—	1,16	1,31	—	—	—	—	—	—	—	—	—	—	—	—
	III	40,16	—	3,21	3,61	III	40,16	—	—	—	—	—	—	—	—	—	—	—	—	—	—	—	—	—	—
	V	600,33	—	48,02	54,02	IV	285,—	—	18,62	20,94	—	14,57	16,39	—	10,65	11,98	—	6,86	7,72	—	3,47	3,90	—	0,74	0,83
	VI	639,83	—	51,18	57,58																				

Quelle: Gesamtabzug 2024, Monat, Allgemeine Tabelle, 118. Auflage, Stollfuß Verlag – Lefebrve Sarrut GmbH, Bonn 2024, S. T 41.

5334122

6. **Ermitteln Sie die Sozialversicherungsabzüge, die vom Gehalt von Frau Krüger einbehalten werden müssen.**

7. **Erstellen Sie die Entgeltabrechnung für Frau Krüger.**

8. **Bereiten Sie ein Rollenspiel vor, in dem Sie in der Rolle von Jakub Nowak einer Mitschülerin oder einem Mitschüler in der Rolle von Frau Krüger die Zusammensetzung der Entgeltabrechnung genau erläutern.**

VERTIEFUNGS- UND ANWENDUNGSAUFGABEN

1. **An welche Stelle muss der Arbeitgeber die Lohn- und die Kirchensteuern sowie die Solidaritätszuschläge seiner Arbeitnehmerinnen und Arbeitnehmer überweisen?**

2. **Bis zu welchem Termin muss der Arbeitgeber die Lohnsteuer-Anmeldung abgeben?**

3. **An welche Stelle müssen die Sozialversicherungsbeiträge der Arbeitnehmerinnen und Arbeitnehmer abgeführt werden?**

5334124

4. Bis zu welchem Termin muss der Arbeitgeber die monatlichen Sozialversicherungsbeiträge der Arbeitnehmerinnen und Arbeitnehmer abführen?

Zur weiteren Vertiefung und Sicherung der Lernergebnisse empfehlen wir das Bearbeiten der Aufgaben im Kapitel 5 (Entgeltabrechnung) des Lernfeldes 13 in Ihrem Lehrbuch „Einzelhandel 4.0, 3. Ausbildungsjahr".

7 Datensicherung und Datenschutz

HANDLUNGSSITUATION

Die Tom Hoss KG plant die Gründung eines Internetversandhauses als neues Tochterunternehmen.

Jakub Nowak soll nach seiner Ausbildung von der Tom Hoss KG übernommen werden. Da man weiß, dass er sich für Informatik interessiert, und er sich zudem in seiner Berufsausbildung überdurchschnittliche EDV-Kenntnisse angeeignet hat, wird er schon in das Projektteam für das neu zu gründende Unternehmen aufgenommen. Man plant, ihm später die Funktion des betrieblichen Datenschutzbeauftragten zu übertragen.

Zusammen mit anderen Kolleginnen und Kollegen aus der EDV-Abteilung der Zentrale wird Jakub auf ein Fortbildungsseminar mit Datenschutzbeauftragten anderer Unternehmen geschickt. Dort gibt sein Vorgesetzter einen Überblick über die Lage in der Tom Hoss KG, um mit den anderen Teilnehmern die Datenschutzproblematik zu diskutieren:

„Die Tom Hoss KG setzt hundertprozentig auf die Vorteile der Datenverarbeitung: Seit Kurzem ist jede Niederlassung komplett mit Datenkassen ausgestattet, die in ein umfassendes Warenwirtschaftssystem eingebunden sind. Kundinnen und Kunden können auf jede Art elektronisch zahlen. Für ein zielgerichtetes Marketing werden Kundendaten systematisch gesammelt. Eingeführt wird momentan ein EDV-gestütztes Personalinformationssystem."

Informationen zum Lösen der folgenden Handlungsaufgaben finden Sie im Lehrbuch „Einzelhandel 4.0, 3. Ausbildungsjahr" in in den Kapiteln 8 (Datensicherung) und 9 (Datenschutz) des Lernfeldes 13.

HANDLUNGSAUFGABEN

G
a) **Lesen Sie die Kapitel 13.8 und 13.9 im Schulbuch „Einzelhandel 4.0" durch.**
b) **Suchen Sie die Begriffe heraus, die Sie nicht verstehen.**
c) **Tragen Sie diese Begriffe in das Glossar am Ende des Arbeitsbuchs ein.**
d) **Klären Sie anschließend diese Begriffe mithilfe Ihrer Mitschülerinnen und Mitschüler sowie Ihrer Lehrerin/Ihres Lehrers.**
e) **Halten Sie die Erklärung für den jeweiligen Begriff ebenfalls im Glossar am Ende des Arbeitsbuchs fest.**

1. Der Betriebsrat der Tom Hoss KG erreicht in Verhandlungen mit der Geschäftsleitung, dass bei der Einführung des Personalinformationssystems statt der vorgesehenen 31 Schlüssel für das Feld „Austrittsgrund" nur sieben realisiert werden.

a) **Erklären Sie, was ein Personalinformationssystem ist.**

b) **Verdeutlichen Sie, welche Interessen die Geschäftsleitung mit der detaillierten Auflistung verfolgt. Geben Sie die Gegenargumentation des Betriebsrats wieder.**

Argumente für Personalinformationssysteme	Argumente gegen Personalinformationssysteme
Unternehmensleitung	**Betriebsrat**

2. Ein Kollege aus einem Industrieunternehmen fragt, welche möglichen Gefahren für die Persönlichkeitsrechte des Kassierpersonals und der Kundinnen und Kunden bestehen könnten.
Führen Sie mögliche Risiken auf.

3. Beim Mittagessen diskutieren Jakub Nowak und seine Kolleginnen und Kollegen, wie man sich privat gegen den Missbrauch der persönlichen Daten schützen kann.
Zeigen Sie Beispiele für den privaten Datenschutz auf.

5334126

ERWEITERUNG DER HANDLUNGSSITUATION

Um sich weiter in die Datenschutzproblematik einzuarbeiten, informiert sich Jakub Nowak nach der Fortbildung in der Zentrale bei seinen Kolleginnen und Kollegen in der EDV-Abteilung.

4. **Überlegen und entscheiden Sie, aus welchen Informationsquellen Informationen über den Datenschutz gewonnen werden können.**

5. Erläutern Sie

a) **den Zweck des Datenschutzes,**

b) **den Begriff „personenbezogene Daten",**

c) **die wichtigsten Formen personenbezogener Daten,**

d) **die Rechtsquellen, die den Datenschutz regeln,**

e) **die Hierarchie gesetzlicher Bestimmungen im Datenschutz,**

f) **die Rolle der Datenschutzgrundverordnung,**

g) **die Rolle des Bundesdatenschutzgesetzes,**

h) **den Unterschied zwischen Daten und Dateien,**

i) **die Phasen bei der Verarbeitung personenbezogener Daten.**

ERWEITERUNG DER HANDLUNGSSITUATION

Der Chef der EDV-Abteilung informiert Jakub auch über die momentane Situation in einer bayerischen Filiale:

„Zwischen der Zentrale der Tom Hoss KG und der Niederlassung findet ein ständiger Datenaustausch statt: Die eigentliche Datenverarbeitung erfolgt in der Zentrale. Neben warenwirtschaftlichen Daten werden in dem Unternehmen vorwiegend Daten über Mitarbeitende, Kundinnen und Kunden und Lieferanten verarbeitet.

Die EDV-Abteilung in der Zentrale ist für alle Beschäftigten der Verwaltung und für das Verkaufspersonal der angeschlossenen Niederlassung jederzeit erreichbar. Seit der Umstellung von der herkömmlichen (manuellen) Datenverarbeitung auf die automatisierte (elektronische) Datenverarbeitung wurden dort keine besonderen zusätzlichen Veränderungen vorgenommen. Die Speichermedien werden nach Betriebsschluss in einen normalen Aktenschrank abgelegt. Anschließend schließt der Abteilungsleiter die Räume der EDV-Abteilung selbst ab. Duplikate der Datenbestände existieren nicht.

Auf das Datengeheimnis sind ausschließlich die in der EDV-Abteilung tätigen Mitarbeiterinnen und Mitarbeiter verpflichtet worden."

Zur weiteren Einarbeitung in die Thematik soll Jakub Nowak einen Bericht zur Datenschutzsituation der Filiale abgeben.

6. Untersuchen Sie anhand der bayerischen Filiale der Tom Hoss KG die folgenden Fragen:

a) **Finden die DSGVO und das Bundesdatenschutzgesetz überhaupt Anwendung?**

5334128

b) **Dürfen personenbezogene Daten verarbeitet werden?**

c) **Ist eine Verpflichtung aller Mitarbeiterinnen und Mitarbeiter auf das Datengeheimnis erforderlich?**

d) **Werden die Benachrichtigungs- und die Auskunftspflicht eingehalten?**

e) **Welche Konsequenzen ergeben sich aus Bestellung und Aufgaben des bzw. der betrieblichen Datenschutzbeauftragten für das Unternehmen?**

f) **Inwieweit werden Maßnahmen gemäß §6 BDSG getroffen? Sind sie ausreichend?**

g) **Welche Rechte können Kundinnen und Kunden der Tom Hoss KG hinsichtlich des Datenschutzes wahrnehmen?**

h) **Was bedeutet der Datenschutz für die Mitarbeiterinnen und Mitarbeiter der Tom Hoss KG?**

5334132

VERTIEFUNGS- UND ANWENDUNGSAUFGABEN

1. Ergänzen Sie die folgende Mindmap:

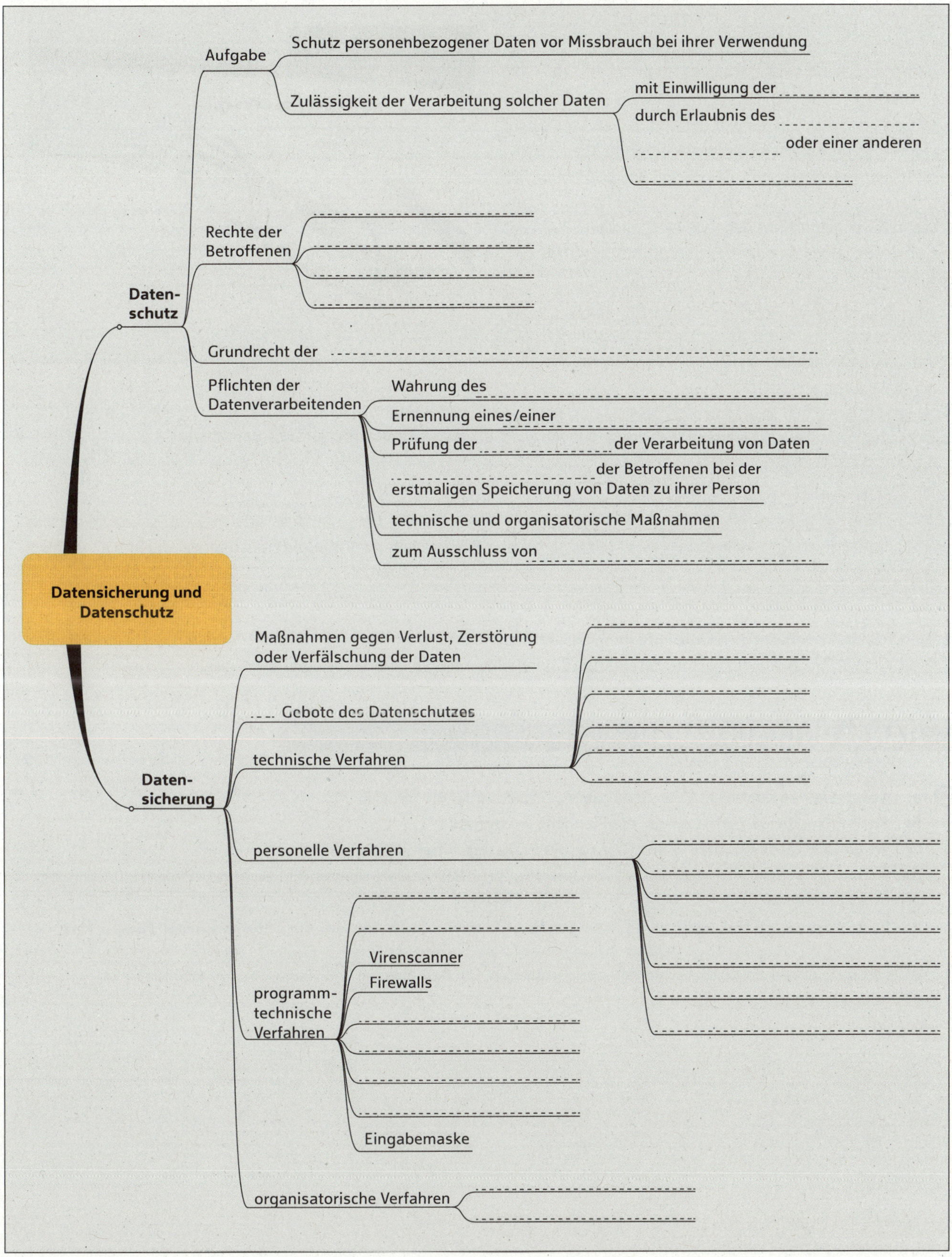

Zur weiteren Vertiefung der Lerninhalte und Sicherung der Lernergebnisse empfehlen wir die Bearbeitung der Aufgaben in den Kapiteln 8 (Datensicherung) und 9 (Datenschutz) des Lernfeldes 13 Ihres Lehrbuches „Einzelhandel 4.0, 3. Ausbildungsjahr".

8 Kündigung von Mitarbeiterinnen und Mitarbeitern aus betrieblichen Gründen

HANDLUNGSSITUATION

In der Filiale der Tom Hoss KG im SWZ Berlin sind die Umsätze der Abteilung „Damenmode" stark zurückgegangen. Die Geschäftsleitung beschließt deshalb, das Sortiment zu verkleinern und die Verkaufsfläche zu verringern. Aufgrund dieser Maßnahmen verringert sich auch der Personalbedarf von bisher acht Personen auf fünf Personen. Die Geschäftsleitung entschließt sich daher, drei der folgenden Angestellten, die in der der Abteilung „Damenmode" beschäftigt sind, am 01.06.20.. zu kündigen:

- Michaela Karstens, 22 Jahre alt, 2 Jahre im Betrieb, ledig, keine Kinder
- Jürgen Weber, 39 Jahre alt, 7 Jahre im Betrieb, verheiratet, 2 schulpflichtige Kinder
- Antje Müller, 25 Jahre alt, 6 Jahre im Betrieb, alleinerziehend, 1 Kind, im 3. Monat schwanger
- Anna Schrader, 52 Jahre alt, 17 Jahre im Betrieb, verheiratet, 2 erwachsene Kinder
- Paul Henkel, 30 Jahre alt, 7 Jahre im Betrieb, ledig, 1 schulpflichtiges Kind, schwerbehindert (Grad der Behinderung 60 %)
- Thorsten Keller, 42 Jahre alt, 5 Jahre im Betrieb, verheiratet, 3 schulpflichtige Kinder
- Jutta Meise, 35 Jahre alt, 20 Jahre im Betrieb, verheiratet, keine Kinder, Mitglied des Betriebsrats
- Frank Höhler, 19 Jahre alt, 5 Monate im Betrieb, ledig, keine Kinder

Der Inhaber der Tom Hoss KG, Herr Hoss, beauftragt die Personalleiterin Frau Harder, die notwendigen Maßnahmen durchzuführen.

Nutzen Sie zur Lösung der Handlungsaufgaben die Informationen zur Beendigung von Arbeitsverhältnissen in Ihrem Lehrbuch „Einzelhandel 4.0, 3. Ausbildungsjahr", Lernfeld 13, Kapitel 12 (Beendigung von Arbeitsverhältnissen).

HANDLUNGSAUFGABEN

G a) **Lesen Sie das Kapitel 13.12 im Schulbuch „Einzelhandel 4.0" durch.**
b) **Suchen Sie die Begriffe heraus, die Sie nicht verstehen.**
c) **Tragen Sie diese Begriffe in das Glossar am Ende des Arbeitsbuchs ein.**
d) **Klären Sie anschließend diese Begriffe mithilfe Ihrer Mitschülerinnen und Mitschüler sowie Ihrer Lehrerin/Ihres Lehrers.**
e) **Halten Sie die Erklärung für den jeweiligen Begriff ebenfalls im Glossar am Ende des Arbeitsbuchs fest.**

1. Welche Maßnahmen muss die Personalleiterin ergreifen, um den Auftrag von Herrn Hoss zu erfüllen?

2. **Stellen Sie fest, ob es der in der Handlungssituation genannte Grund erlaubt, Mitarbeiterinnen oder Mitarbeiter der Abteilung „Damenmode“ zu entlassen.**

3. **Stellen Sie fest, für welche Mitarbeiterinnen und Mitarbeiter der Abteilung „Damenmode“ ein besonderer Kündigungsschutz gilt.**

4. **Legen Sie die Kriterien für eine Sozialauswahl fest und gewichten Sie diese Kriterien mit Punkten.**

Kriterium	Punkte

5. **Führen Sie die Sozialauswahl von drei Beschäftigten unter Nutzung der von Ihnen in Aufgabe 4 festgelegten Kriterien und Punkte durch.**

Beschäftigte, die bei der Sozialauswahl nicht berücksichtigt werden, weil sie keinen Kündigungsschutz gem. Kündigungsschutzgesetz besitzen:

Beschäftigte, die bei der Sozialauswahl nicht berücksichtigt werden, weil sie einen besonderen Kündigungsschutz gem. Kündigungsschutzgesetz besitzen:

Sozialauswahl unter Nutzung der in Aufgabe 3 festgelegten Kriterien und Punkte:

Kriterien	Frau Karstens	Herr Weber	Frau Schrader	Herr Henkel	Herr Keller

Beschäftigte, denen gekündigt werden sollte:

6. **Ermitteln Sie die Kündigungstermine, zu denen die in Aufgabe 5 ausgewählten Mitarbeiterinnen und Mitarbeiter gekündigt werden können.**

7. **Erstellen Sie das Kündigungsschreiben für eine(n) der zu kündigenden Mitarbeiterinnen oder Mitarbeiter.**

Tom Hoss KG · Grunerstraße 120 · 10169 Berlin

5334136

VERTIEFUNGS- UND ANWENDUNGSAUFGABEN

1. Im Rahmen der geplanten Rationalisierungs- und Kosteneinsparungsmaßnahmen möchte die Tom Hoss KG am 4. Februar 20.. aus betriebsbedingten Gründen dem 37-jährigen Sachbearbeiter Herrn Esser aus der Einkaufsabteilung zum nächstmöglichen Termin kündigen. Manfred Esser ist seit 15 Jahren Mitarbeiter der Tom Hoss KG. Vertraglich bestehen keine besonderen Vereinbarungen hinsichtlich der Kündigung.

An welchem Tag (Tag/Monat/Jahr) würde das Arbeitsverhältnis von Manfred Esser gemäß der gesetzlichen Bestimmungen des BGB enden?

2. Die Personalleiterin der Tom Hoss KG überprüft in den folgenden Fällen die Kündigungsfristen. **Ermitteln auch Sie, welche Kündigungsfristen jeweils gelten:**

a) Maren Glitzer, 28 Jahre, seit einem Jahr im Unternehmen beschäftigt, kündigt am 14. Juli.

b) Dem Lagerarbeiter Florian Reese, 35 Jahre alt, seit 7 Jahren beschäftigt, wird am 6. Juni gekündigt.

c) Boris Recker, 29 Jahre, seit 3 Jahren bei der Tom Hoss KG, erhält aufgrund eines Diebstahls die Kündigung.

d) Jan Witte, 21 Jahre, seit 2 Wochen in der Probezeit, kündigt.

e) Bianca Rieger, 25 Jahre, seit 2 Jahren beschäftigt, will sich verbessern und kündigt am 31. März.

3. Verschiedene Geschäftspartner der Tom Hoss KG müssen Kündigungen vornehmen. **Prüfen Sie, ob in dem jeweiligen Fall die Kündigung sozial gerechtfertigt ist oder nicht.**

a) Die Tee-Time GmbH begründet die Kündigungen mit einem anhaltenden Auftragsmangel aufgrund der schlechten Wirtschaftslage.

b) Der Hockmann Textilgroßhandel, der Waren aus Singapur importiert, hat die folgende Formulierung im Kündigungsschreiben: „Betriebsstillstand wegen eines Brandschadens im Lager".

c) Cordt Wandmacher bekommt die Kündigung der Russ Spedition wegen „mehrmaliger Verspätung trotz wiederholter Abmahnung".

d) Melanie Peagano weigert sich, bei der Green Mary GmbH einen Auftrag auszuführen, und bekommt deshalb die Kündigung.

e) Weil Cornelia Kind schwanger ist, soll sie die Kookoh GmbH verlassen.

5334138

f) Ein Lagerarbeiter verursacht in der Ernst Puszkat KG häufig Fehler wegen mangelnder Sorgfalt.

____

____

____

4. In diesem Suchrätsel sind 14 Wörter versteckt.

K	B	W	E	G	P	J	N	X	O	Y	T	K		T									O	L
B	B	J	K	J	Q	E	L	E	Z	H	B	U		S		G	U	W	Z	H	M		X	X
												N		W		O	K	V	S	X	D		U	R
X	V	U	U		M	T	O	E	I	M	X	W		J		Z	N	Z	L	U	I		C	W
P	W	V	T		Y	B	V	F	H	B	X	Z		G		O	I	F	F	D	P		P	
W	C	F	Q		L	H	V	H		Z	K	U		U	P	J	P	R	P	B	V		B	
D	I	L	L		W	B	X	G		B	U	A		D	R	G	V	F	F	N	Q		P	
C	Y	J	J		B	X	M	K		Y	G	O		B	V	M	O	J	D	T	F			
F	I	L	T		D	L	V	O		T	H	B		Q	N	R	J	Q	E	X	J			
V	E	M	A		T	V	H	K		N	A	R		Z	C	U	B	Z	Z	R	R			
E																								
E	Z	S	X		D	D	H	A		I	X	G		S	V	C	V	V	F	C	Q			B
Q	M	Y	F		H	P	G	I		C	A	Y		T	L	L	L	W	K	S	J			K
G	F	B	U		V	I	K	Z		S	M	V		I	D	X	N	U	P	I	Z			J
H	F	U	X		C	X	Q	X		T	I	N	V	D	U	L	O	B	B	V	Z			A
R	Y	D	J		M	X	E	V		Q	Γ	B	X	M	R	B	A	Y	F	X	L	E		H
T	W	G	J		W	W	K	P		E	Y	G	A	I	P	J	Q	T	S	E	B	G		F
Z	E	R	X		H	G	U	T		K	E	O	D	H	W	R	M	O	G	A	G	Y		B
W	C	S	G		X	B	P	M		W	L	V	V	B	P	N	U	L	Z	D	R	S	T	M
Z	W	E	R	H	W	T																	K	C
Q	C	R	I	C	Q	O	P	V	Y	F	D	S	V	I	W	U	J	P	J	N	M	P	U	I
G										W	G	E	E	G	E	N	Z	K	H	R	G	S	I	B
Y	H	R	Z	J	J	L											S	G	W	U	M	D	F	G
Z	A	I	S	H	H	A	P	B	D	K	F	G	E	N	Y	L	X	E	I	D	I	M	Y	B
T																								B

Die Wörter bedeuten:

1 Muss in Einzelhandelsunternehmen, in denen mindestens fünf Personen mit der Verarbeitung personenbezogener Daten beschäftigt sind, eingesetzt werden:

____

2 Rechtsgrundlage für den Datenschutz: ______________________________

3 Für sie gilt ein besonderer Kündigungsschutz: ______________________

4 Solche Daten unterliegen dem Datenschutz: ______________________

5 Datenschutzrecht eines Betroffenen: ______________________

6 Recht der Betroffenen, sich mit einer Anfrage über die zu ihrer Person bei einer Daten verarbeitenden Stelle gespeicherten Daten informieren zu dürfen:

____

7 Schutz der Daten vor Gefahren: ______________________

8 Eigenschaft eines Zeugnisses, wonach auch Aussagen über Führung und Leistung einer Arbeitnehmerin oder eines Arbeitnehmers gemacht werden:

____

9 Muss vor einer Kündigung gehört werden: ______________________

10 So wird eine Kündigung genannt, wenn bestimmte Kündigungsfristen eingehalten werden:

____

11 Verwarnung, wenn eine Arbeitnehmerin oder ein Arbeitnehmer mehrfach ihre bzw. seine Pflichten verletzt hat:

____

12 So ist eine außerordentliche Kündigung: ______________________

13 So ist ein Zeugnis, wenn es nur Art und Dauer einer Beschäftigung bescheinigt:

____

14 Innerhalb so vieler Wochen kann gegen eine Kündigung Klage beim Arbeitsgericht erhoben werden:

____

Zur weiteren Vertiefung und Sicherung der Lernergebnisse empfehlen wir das Bearbeiten der Aufgaben Kapitel 12 (Beendigung von Arbeitsverhältnissen) des Lernfeldes 13 in Ihrem Lehrbuch „Einzelhandel 4.0, 3. Ausbildungsjahr“.

5334140

1 Gründung eines Unternehmens

HANDLUNGSSITUATION

Martin Strobel leitet das 2. Obergeschoss bei der Tom Hoss KG im SWZ Berlin. Er ist 34 Jahre alt und seit 14 Jahren bei der Tom Hoss KG tätig. Nach seiner Ausbildung zum Kaufmann im Einzelhandel hat er sich noch weitergebildet zum Handelsfachwirt. Zudem hat er jede angebotene innerbetriebliche Weiterbildungsmaßnahme der Tom Hoss KG besucht. In seiner Freizeit tummelt er sich in der Berliner Gothic-Szene.

Momentan ist er elektrisiert: In der Zeitung stand heute Morgen eine Anzeige. Ein Warenhaus bietet Interessenten im Rahmen eines Shop-in-the-Shop-Konzepts Ladenflächen unterschiedlicher Größe zu sehr günstigen Konditionen im Erdgeschoss an. Da Martin Strobel sich schon lange mit dem Gedanken beschäftigt, sich selbstständig zu machen, sieht er hier die Chance, seinen Traum zu verwirklichen.

Dies möchte er zusammen mit seiner Freundin machen. Claudia Bau ist 28 Jahre alt und arbeitete bis vor Kurzem als Schneiderin, bis ihr Arbeitgeber Insolvenz anmelden musste. Ihr Hobby ist Hiphop. Kürzlich hat sie eine Erbschaft in Höhe von 35.000,00 € gemacht. Martin Strobel hat 10.000,00 € an Ersparnissen.

Martin Strobel und Claudia Bau haben bereits herausgefunden, dass es im Umkreis von mehr als 100 Kilometern kein Einzelhandelsunternehmen gibt, das Bekleidung für unterschiedliche Szenen anbietet. Ihnen schwebt ein Einzelhandelsgeschäft vor, das u. a. Kleidung für die
- Gothic-,
- Metallic-,
- Punk-,
- Skater-,
- Hiphop-Szene usw.

anbietet. Großgeschrieben werden soll auch der Service (Änderungen und Maßanfertigungen können von Claudia Bau übernommen werden).

Martin Strobel und Claudia Bau haben sich schon mit mehreren potenziellen Lieferanten in Verbindung gesetzt. Alle bieten Lieferantenkredite zu relativ günstigen Konditionen an. Einige sind auch bereit, Waren auf Kommissionsbasis zu liefern.

Informationen zum Lösen der folgenden Handlungsaufgaben finden Sie im Lehrbuch „Einzelhandel 4.0, 3. Ausbildungsjahr" in den Kapiteln 1 bis 5 des Lernfeldes 14.

HANDLUNGSAUFGABEN

G a) **Lesen Sie die Kapitel 14.1 bis 14.5 im Schulbuch „Einzelhandel 4.0" durch.**
b) **Suchen Sie die Begriffe heraus, die Sie nicht verstehen.**
c) **Tragen Sie diese Begriffe in das Glossar am Ende des Arbeitsbuchs ein.**
d) **Klären Sie anschließend diese Begriffe mithilfe Ihrer Mitschülerinnen und Mitschüler sowie Ihrer Lehrerin/Ihres Lehrers.**
e) **Halten Sie die Erklärung für den jeweiligen Begriff ebenfalls im Glossar am Ende des Arbeitsbuchs fest.**

1. Wer ein Einzelhandelsunternehmen gründen will, sollte bestimmte Voraussetzungen erfüllen.

Führen Sie fünf persönliche Voraussetzungen und zwei sachliche Voraussetzungen auf, über die der Gründer oder die Gründerin eines Einzelhandelsunternehmens verfügen sollte.

Überprüfen Sie, ob diese bei Martin Strobel und Claudia Bau gegeben sind.

Persönliche Voraussetzung	Gegeben bei Martin Strobel und Claudia Bau?

Sachliche Voraussetzungen	Gegeben bei Martin Strobel und Claudia Bau?

2. Sollten persönliche und sachliche Voraussetzungen bei Martin Strobel und Claudia Bau vorhanden sein, können sie sich entscheiden, ein Unternehmen zu gründen. **Geben Sie an, wem die Gründung aus welchen Gründen gemeldet werden muss.**

Angemeldet werden muss die Gründung bei	Grund
	Achtet auf die Einhaltung verschiedener arbeitsrechtlicher wie umweltschutzrechtlicher Bestimmungen sowie die Beachtung der Gewerbeordnung
	Hilft u. a. bei der Verhütung von Arbeitsunfällen und Berufskrankheiten
	Bietet u. a. Beratungs- und Informationsservice für Unternehmen an
	Erhebt für den Staat Steuern für das Unternehmen und zieht diese ein
	Informiert die Öffentlichkeit und die Geschäftspartner verlässlich über die Rechtsverhältnisse von Unternehmen

3. Martin Strobel und Claudia Bau müssen nun noch die Rechtsform des neu zu gründenden Unternehmens festlegen: Abhängig von der unternehmerischen Zielsetzung kann das Unternehmen rechtlich unterschiedlich gestaltet werden. Martin Strobel und Claudia Bau legen Wert darauf, dass sie, falls ihr Unternehmen im Falle einer Insolvenz nicht mehr zahlungsfähig ist, nicht haftbar gemacht werden können.

5334142

Martin Strobel und Claudia Bau untersuchen sechs Rechtsformen darauf, ob diese jeweils für ihr neu zu gründendes Unternehmen geeignet sind.

a) **Halten Sie für jede der Rechtsformen die entscheidenden Merkmale fest.**

b) **Stellen Sie fest, wie die jeweilige Firma beispielhaft lauten könnte. Führen Sie die Regeln für die Firmierung bei der jeweiligen Rechtsform auf.**

c) **Geben Sie das Register an (bzw. die entsprechende Abteilung), in das (die) das neu zu gründende Unternehmen einzutragen ist.**

d) **Beurteilen Sie, ob die jeweilige Rechtsform für Martin Strobel und Claudia Bau infrage kommt.**

	Einzelunternehmung	Offene Handelsgesellschaft	Kommanditgesellschaft	Gesellschaft mit beschränkter Haftung	Aktiengesellschaft
Mindestgründerzahl					
Mindestkapital					
Haftung					
Geschäftsführung und Vertretung					
Gewinnverteilung					
Firma					
Handelsregistereintrag					
Beurteilung					

VERTIEFUNGS- UND ANWENDUNGSAUFGABEN

1. Die beiden langjährigen Freunde Reinhold Bürger und Friedrich Kogel wollen eine Gesellschaft gründen. Zur Gründung bringt jeder von ihnen 25.000,00 € Barkapital auf. Das Unternehmen soll sich mit dem Import und Export von Textilien befassen. Reinhold Bürger macht jedoch zur Bedingung, dass er nicht persönlich haften will, und außerdem erlaubt seine Zeit keine Beteiligung an der Geschäftsführung. Friedrich Kogel, der persönlich haften will, schlägt seinem Freund eine Rechtsform vor und weist noch darauf hin, dass auch eine Teilhaberschaft an einer dann von ihm allein zu gründenden Unternehmung möglich ist.

a) **Welche beiden Unternehmensformen schlägt Friedrich Kogel seinem Freund vor?**

b) **Zu welcher Gruppe gehören diese Gesellschaften?**

c) **Erläutern Sie kurz die wesentlichen Merkmale der beiden Unternehmensformen und zeigen Sie die Unterschiede auf.**

d) Bei einer stillen Gesellschaft geht das Beteiligungsverhältnis nach außen nicht hervor. **Welche Rechte und eventuelle Pflichten hat Reinhold Bürger in beiden Unternehmensformen?**

5334144

2. In dem Gesellschaftsvertrag einer KG ist festgelegt, dass der Restgewinn zu 60 % an den Komplementär und zu je 10 % an die vier Kommanditisten fallen soll. Der Jahresgewinn beträgt 160.000,00 €. Verteilen Sie den Gewinn. **Nutzen Sie dazu die folgende Tabelle.**

Gesellschafter	Kapitaleinlage			
Jones (Komplementär)	240.000,00 €			
Lahm (Kommanditist)	120.000,00 €			
Lehmann (Kommanditist)	40.000,00 €			
Friedrich (Kommanditist)	20.000,00 €			
Butt (Kommanditist)	80.000,00 €			
				160.000,00 €

Herr Ballack tritt als neuer Komplementär in die KG ein. Herr Jones erläutert ihm: „Komplementäre haften unbeschränkt, unmittelbar und solidarisch."

Erläutern Sie diese drei Begriffe.

Begriff	Erläuterung
unbeschränkte Haftung	
unmittelbare Haftung	
solidarische Haftung	

3. Dominik Schlote erwägt, sich nach der Ausbildung selbstständig zu machen. Er überlegt die Gründung eines Fachgeschäfts für Computerspiele. Vor diesem Hintergrund liest er sehr interessiert den folgenden Artikel aus dem Jahr 2008:

EIN EURO FÜR EINE GESELLSCHAFT

von Kristin Kruthaup

Eine gute Idee, aber wenig Geld – vor diesem Problem stehen viele Existenzgründer. Für sie gibt es bald die Mini-GmbH. Mit einem Euro ist man dabei.

Silvan Golega will Software verkaufen. Er ist 26, Diplom-Informatiker und Unternehmensgründer. Vor anderthalb Jahren kam ihm und zwei Freunden die Idee: Eine Software für Usability-Experten müsste her. Usability-Experten testen, an welcher Stelle auf einer Internetseite ein Link stehen muss, damit der Kunde ihn findet. Bisher haben sie dafür Testpersonen Papierblätter mit verschiedenen Link-Anordnungen vorgelegt. Die Software, die Golega und seine Kollegen entwickeln, erlaubt es, diese Testseiten im Internet zu bauen. Im Herbst soll ihr Produkt marktreif sein.

Spätestens dann brauchen die drei Tüftler eine Rechtsform. Wie viele Existenzgründer haben sie zwar eine gute Idee, aber kein Geld. Und damit haben sie kaum eine Chance, in Deutschland eine Rechtsform zu finden, die eine persönliche Haftung ausschließt. Der Schutz vor Haftung ist wünschenswert: Im Fall einer Pleite können Ansprüche nur gegen das Gesellschaftsvermögen geltend gemacht werden. Das Privatvermögen ist vor Gläubigern geschützt.

Keine persönliche Haftung

Normalerweise gründet man in ihrem Fall eine Gesellschaft mit beschränkter Haftung (GmbH). Für eine solche Gründung war bislang ein Stammkapital von 25.000,00 € erforderlich. Da Golega das Geld nicht hatte, erwog er – wie viele andere Existenzgründer –, in England eine Limited zu gründen. Limited (Ltd) steht für „private company limited by shares". Dieses Modell schließt ebenfalls eine persönliche Haftung der Gesellschafter aus. Für ihre Gründung ist aber nur ein symbolisches Stammkapital von einem Pfund erforderlich.

Der Sprung ins englische Recht ist für Gründer möglich, seit der Europäische Gerichtshof in mehreren Urteilen entschieden hat, dass Rechtsformen in einem Mitgliedsland auch in anderen Mitgliedsländern anerkannt werden müssen. „Aber wir sind von der Idee Limited wieder abgekommen", sagt Silvan Golega. „Denn plötzlich hieß es: Die GmbH-Reform kommt. Und mit ihr eine Mini-GmbH, für die man auch nur 1,00 € Stammkapital braucht", erinnert sich Golega. „Es hörte sich einfach perfekt an."

Das war im Juni 2006. Zwei Jahre später ist es so weit. Die Mini-GmbH kommt tatsächlich. Doch was ist das für eine neue Gesellschaftsform? Für wen lohnt sie sich, und für wen ist das britische Modell weiter interessant?

Durchgangsstation zur echten GmbH

Die Mini-GmbH bietet den gleichen Schutz wie die herkömmliche GmbH, indem sie die persönliche Haftung der Gesellschafter ausschließt. Allerdings braucht man für ihre Gründung kein Kapital. „Sie ist eine Rechtsform für kleinere Gewerbetreibende", sagt der Berliner Notar Ernesto Loh. Sie ist dabei so eine Art Durchgangsstation zur echten GmbH. Nach § 5 a des künftigen Gesetzes wird der Betreiber der Mini-GmbH dazu verpflichtet sein, ein Viertel des Jahresüberschusses zu sparen, bis er 25.000,00 € zurückgelegt hat. Ist diese Summe erreicht, kann die Mini- in eine echte GmbH umgewandelt werden und der Sparzwang entfällt. Hinzu kommt, dass der Unternehmer, wo er mit seinem Logo auftritt, die Angabe „Unternehmergesellschaft (haftungsbeschränkt)" machen muss.

Für Existenzgründer bringt die Reform damit ein paar echte Erleichterungen und auch bei der klassischen GmbH: Die Hürde von 25.000,00 € Stammkapital entfällt. Wer die Summe nicht aufbringen kann, kann auf die Mini-GmbH ausweichen. Ursprünglich hatte der Gesetzesentwurf der Bundesregierung vorgesehen, das Stammkapital der GmbH von 25.000,00 € auf 10.000,00 € abzusenken. Damit wäre die Hürde für eine Gründung noch niedriger gewesen. Dieser Vorschlag war im Bundestag aber nicht mehrheitsfähig.

Dafür schwinden bald die Bürokratiekosten: Bislang fallen allein für die Einrichtung der GmbH circa 700,00 € an. „150,00 € sind fällig für die Eintragung der Gesellschaft ins Handelsregister. Dazu kommen circa 550,00 € Notarkosten", zählt Notar Loh auf. In Zukunft wird die Gründung nur noch 220,00 € kosten, denn im Anhang des neuen Gesetzes wird aller Voraussicht nach ein Mustervertrag angehängt sein. Wer ihn nutzt, muss vom Notar nur noch die Unterschriften unter dem Mustervertrag beglaubigen lassen. [...]

Quelle: Kruthaup, Kristin: Ein Euro für eine Gesellschaft. In: faz.net, 08.07.2008. http://www.faz.net/aktuell/beruf-chance/recht-und-gehalt/existenzgruendung-ein-euro-fuer-eine-gesellschaft-1666282.html [10.11.2023].

5334146

a) **Erläutern Sie kurz die haftungsbeschränkte Unternehmergesellschaft.**

b) **Vergleichen Sie die GmbH mit der haftungsbeschränkten Unternehmergesellschaft.**

Merkmal	GmbH	Unternehmergesellschaft
Rechtsformzusatz		
Stammkapital		
Gründungsaufwand		

LERNFELDÜBERGREIFENDE AUFGABEN

(Digitale) Karteikarten als Helfer in der Prüfungsvorbereitung

Wenn es auf eine Klassenarbeit oder eine Prüfung zugeht, stellt sich immer die Frage: „Mit welcher Methode kann ich am besten lernen?" Klar ist, dass jeder von uns individuelle Wege einschlägt, um sich den „Lernstoff" anzueignen.

Eine Prüfung bestehen wir mit weniger Stress, wenn wir sehr gut vorbereitet sind. Wir alle wissen, dass kurzfristiges Lernen vor einer Prüfung schnell zum Scheitern verurteilt sein kann, da unser Gehirn i. d. R. nur auf ein „sicher" abgespeichertes Wissen zurückgreifen kann. Ein bewährter Klassiker unter den Methoden der „sicheren" Prüfungsvorbereitung ist die Vorbereitung mit Karteikarten. Mit jeder Wiederholung prägen wir uns den Lerninhalt längerfristig ein. Der Vorteil bei Karteikarten: Sie können immer wieder benutzt und ergänzt werden.

Vorbereitung

- Karteikarten zurechtschneiden oder die digitale Variante wählen (*siehe unten*).
- Lerninhalte sollten für Karteikarten geeignet sein (*z. B. Faktenwissen*).
- Kurze Formulierungen sind hilfreich (*niemand lernt gerne lange Texte auswendig*).
- Im Idealfall werden eigene Formulierungen verwendet (*der Lernprozess beginnt bereits beim Nachdenken für eigene Worte*).

Digitaler Tipp

Auch die klassische Karteikarte ist im digitalen Zeitalter angekommen. Über die Website https://quizlet.com/ lassen sich diese kostenlos und vor allem einfach erstellen. Entweder wird ein eigener Account ins Leben gerufen oder die Lehrkraft erstellt einen Kurs, in welchen alle Auszubildenden eingeladen werden. In der Folge kann ein Lernset (z.B. „Prüfungsvorbereitung LF 14") erstellt werden. Anschließend kann jede und jeder verbundene Auszubildende Fragen erstellen, auf die im Anschluss wiederum alle zugreifen können. So kann beispielsweise ein gesamtes Lernfeld effektiv von der gesamten Klasse in kurzer Zeit „eingespielt" werden. In der Folge können die Karteikarten über eine App immer wieder auf dem Smartphone abgerufen werden. Somit ist ein Lernen in der Straßenbahn, auf der Couch oder im sonnigen Park möglich!

Prüfungstipp

Wenn Sie merken, dass Sie mit (digitalen) Karteikarten erfolgreich lernen können, könnten Sie sich mit den anderen Auszubildenden zusammentun und verschiedene Lerninhalte mit Blick auf die Abschlussprüfung vorbereiten. Wichtig: Karteikarten ergänzen das Lernen – sie ersetzen jedoch nicht komplett die Auseinandersetzung mit den Lerninhalten.

4. **Variante A:** Erstellen Sie mindestens zehn „offline" Karteikarten zum Thema „Gründung eines Unternehmens".

Variante B: Erstellen Sie in der Klasse ein digitales Lernset zum Kapitel „Wir gründen ein Unternehmen" über die App „Quizlet". Für eine effektive Bearbeitung teilen Sie sich die Themenbereiche untereinander auf:

- Zwei Klassenmitglieder erstellen Fragen zu der Einzelunternehmung.
- Drei Klassenmitglieder erstellen Fragen mit Blick auf GmbH und die AG
- (...)

Platz für Fragen, zu denen ich Karteikarten erstellen möchte

Wie hoch ist das Mindestkapital bei einer GmbH?

Zur weiteren Vertiefung der Lerninhalte und Sicherung der Lernergebnisse empfehlen wir das Bearbeiten der Aufgaben in den Kapiteln 1 bis 5 des Lernfeldes 14 Ihres Lehrbuches „Einzelhandel 4.0, 3. Ausbildungsjahr".

5334148

2 Investitions- und Finanzierungsanlässe und Finanzierungsgrundsätze

HANDLUNGSSITUATION

Im Rahmen seiner Ausbildung zum Einzelhandelskaufmann wird Jakub Nowak im dritten Ausbildungsjahr direkt bei Herrn Franke, dem Finanzchef der Tom Hoss KG, eingesetzt. Dies ist einerseits eine Ehre, da bekannt ist, dass Herr Franke sich immer sehr gute Auszubildende aussucht, die direkt mit ihm zusammenarbeiten dürfen. Andererseits erwarten Jakub jedoch eine Menge herausfordernder Aufgaben, für die Herr Franke ebenfalls bei den Mitarbeiterinnen und Mitarbeitern bekannt ist.

An seinem ersten Tag in der Finanzabteilung erhält Jakub direkt die folgende E-Mail vom Chef:

Senden

An ... nowak@tomhoss-kg-wvd.de

Cc ... zuber@tomhoss-kg-wvd.de

Bcc ...

Betreff: Gute Zusammenarbeit

Hallo Herr Nowak,

herzlich willkommen in der Finanzabteilung der Tom Hoss KG. Ich hoffe, dass Sie sich schnell bei uns einleben.

Zum Einstieg habe ich direkt einige Aufgaben, die ich gerne mit Ihnen gemeinsam bearbeiten möchte. Bitte bereiten Sie sich auf ein Gespräch mit mir vor:

Wir wollen in Essen eine Filiale eröffnen und suchen nach einer passenden Immobilie in der Innenstadt. Vor kurzer Zeit ist dort das renommierte „Modehaus Kaiser“ in Liquiditätsschwierigkeiten geraten. Wir möchten das Haus gerne mit Einrichtung und Personal übernehmen. Die Lage und die Umstände wären für uns ideal. Es wären lediglich einige äußerliche Veränderungen und ein paar Umbauten vorzunehmen. Dafür hätten wir eine konkurrenzlose Toplage in der City.

Vorher müssen wir aber prüfen, warum das Modehaus kurzfristig in die Zahlungsunfähigkeit geraten ist. Ich glaube, dass wir die Gründe dafür im kurzfristigen Finanzplan finden. Dieser Plan liegt mir bereits vor. Bitte sehen Sie sich den Plan an. Suchen Sie nach Zahlen, die uns weiterhelfen könnten, und erstellen Sie eine Prognose für die nächsten Monate.

Sie überprüfen also Liquidität und Kapitalbedarf.

Informieren Sie mich bitte über Ihre Erkenntnisse.

Vielen Dank und bis später
Stefan Franke

Leiter Rechnungswesen

Finanzplan „Modehaus Kaiser“						
Beträge in T€	**Juli**			**August**		
	SOLL	**IST**	**DIFFERENZ**	**SOLL**	**IST**	**DIFFERENZ**
Anfangsbestand an Zahlungsmitteln (Kasse, Bank)	**351,00**	**451,63**	**100,63**	**374,27**	**–667,12**	**–1.041,39**
Einzahlungen:						
Umsatzerlöse	8.400,00	8.226,84	–173,16	8.400,00	8.413,09	13,09
Forderungen	2.750,00	2.688,29	–61,71	2.750,00	2.678,36	–71,64

Finanzplan „Modehaus Kaiser" **Beträge in T€**	**Juli**			**August**		
	SOLL	**IST**	**DIFFERENZ**	**SOLL**	**IST**	**DIFFERENZ**
Zinsen	0,12	0,12	0,00	0,12	0,00	–0,12
Verkauf von Anlagevermögen	20,00	20,77	0,77	20,00	0,00	–20,00
Darlehensaufnahme	10,00	43.604,68	43.594,68	10,00	0,00	–10,00
sonstige	7,00	6,89	–0,11	7,00	7,24	0,24
Summe der Einzahlungen	**11.187,12**	**54.547,59**	**43.360,47**	**11.187,12**	**11.098,69**	**–88,43**
Auszahlungen						
Kauf von Anlagevermögen	80,00	2.358,69	–2.278,69	80,00	78,00	2,00
Kauf von Grundstücken	0,00	43.651,36	–43.651,36	0,00	0,00	0,00
Mieten	2.116,85	0,00	2.116,85	2.116,85	0,00	2.116,85
Wareneinkäufe	6.300,00	6.128,96	171,04	6.300,00	6.687,89	–387,89
Steuern/Abgaben	2.300,00	3.136,74	–836,74	2.300,00	2.236,35	63,65
Löhne und Gehälter	125,00	127,42	–2,42	125,00	126,97	–1,97
Darlehensrückzahlung	135,00	120,32	14,68	135,00	890,86	–755,86
Reparaturen	40,00	51,73	–11,73	40,00	34,69	5,31
Zinsen	35,00	32,81	2,19	35,00	1.004,63	–969,63
Versicherungen	32,00	58,31	–26,31	32,00	107,25	–75,25
Summe der Auszahlungen	**11.163,85**	**55.666,34**	**–44.502,49**	**11.163,85**	**11.166,64**	**–2,79**
Endbestand an Zahlungsmitteln	**374,27**	**–667,12**	**–1.041,39**	**397,54**	**–735,07**	**–1.132,61**

Informationen zum Lösen der folgenden Handlungsaufgaben finden Sie im Lehrbuch „Einzelhandel 4.0, 3. Ausbildungsjahr" in Kapitel 6 (Finanzierung und Investitionen) des Lernfeldes 14.

HANDLUNGSAUFGABEN

G
a) **Lesen Sie das Kapitel 14.6 im Schulbuch „Einzelhandel 4.0" durch.**
b) **Suchen Sie die Begriffe heraus, die Sie nicht verstehen.**
c) **Tragen Sie diese Begriffe in das Glossar am Ende des Arbeitsbuchs ein.**
d) **Klären Sie anschließend diese Begriffe mithilfe Ihrer Mitschülerinnen und Mitschüler sowie Ihrer Lehrerin/Ihres Lehrers.**
e) **Halten Sie die Erklärung für den jeweiligen Begriff ebenfalls im Glossar am Ende des Arbeitsbuchs fest.**

1. **Ermitteln Sie, welche Begriffe Jakub klären muss und was er für Herrn Franke tun soll.**

5334150

2. **Erläutern Sie kurz mit eigenen Worten, was man unter dem Begriff „Investition" versteht.**

3. **Ordnen Sie die folgenden Begrifflichkeiten für sich und formulieren Sie anschließend aus den folgenden Begriffen einen sinnvollen Text, welcher den Zusammenhang der Begrifflichkeiten erläutert.**

Kapital – Mittelverwendung – Bilanz – Eigenkapital – Mittelherkunft – Finanzierung – Anlagevermögen – Investition – Vermögen – Umlaufvermögen – Fremdkapital – Aktivseite

4. **Vervollständigen Sie den Überblick über die Investitionsarten von Unternehmen.**

Investitionsarten

______	+	______	=	______
Zweck: Berücksichtigung durch:		Zweck:		

5. **Überlegen Sie sich, welche Arten von Investitionen bei einem Kauf von „Modehaus Kaiser" für die Tom Hoss KG anfallen würden.**

6. **Geben Sie an, was man unter Liquidität versteht und was erfüllt sein muss, damit die Liquidität eines Unternehmens vorhanden ist.**

5334152

7. **Stellen Sie mithilfe Ihres Lehrbuches heraus, in welchen drei Situationen ein Unternehmen sich bezüglich seiner Liquidität befinden kann (Liquiditätsgrundsätze), und geben Sie – wenn nötig – Handlungsempfehlungen für die Situationen.**

8. **Geben Sie mithilfe Ihres Lehrbuchs an, was im Allgemeinen unter einem Finanzplan verstanden wird.**

9. **Arbeiten Sie mithilfe Ihres Lehrbuchs die grundlegende Funktionsweise eines Finanzplans heraus. Gehen Sie hierbei auch auf die Planfeststellung sowie die Plankontrolle ein.**

Funktionsweise:

Planfeststellung:

Plankontrolle:

10. Mithilfe eines kurzfristigen Finanzplans kann also die Liquidität eines Unternehmens überwacht werden.

a) **Betrachten Sie den kurzfristigen Finanzplan von „Modehaus Kaiser" genau und identifizieren Sie die Ursachen für die Probleme von „Modehaus Kaiser". Nehmen Sie abschließend kurz Stellung, wie die Liquidität von „Modehaus Kaiser" einzuordnen ist.**

5334154

b) **Betrachten Sie den kurzfristigen Finanzplan von „Modehaus Kaiser" genauer und entwickeln Sie eine Prognose für den Monat September. Gehen Sie grundsätzlich davon aus, dass die Werte der Vormonate durchschnittlich repräsentative Werte für die Zukunft sind.**

Beträge in T€	**PROGNOSE September**	
	SOLL	**Anmerkung/Begründung**
Anfangsbestand an Zahlungsmitteln (Kasse, Bank)		
Einzahlungen:		
Umsatzerlöse		
Forderungen		
Zinsen		
Verkauf von Anlagevermögen		
Darlehensaufnahme		
Sonstige		
Summe der Einzahlungen		
Auszahlungen		
Kauf von Anlagevermögen		
Kauf von Grundstücken		
Mieten		
Wareneinkäufe		
Steuern/Abgaben		
Löhne und Gehälter		
Darlehensrückzahlung		
Reparaturen		
Zinsen		
Versicherungen		
Summe der Auszahlungen		
Endbestand an Zahlungsmitteln		

c) **Bereiten Sie das Gespräch mit Herrn Franke vor, indem Sie eine Empfehlung abgeben, ob sich die Übernahme von „Modehaus Kaiser“ für die Tom Hoss KG lohnen könnte.**

5334156

VERTIEFUNGS- UND ANWENDUNGSAUFGABEN

1. **Vervollständigen Sie mithilfe Ihres Lehrbuches das beigefügte Schaubild über die Investitions- und Finanzierungsgrundsätze. Achten Sie hierbei genau auf den Aufbau des Schaubildes sowie die eingefügten Lösungs- und Gliederungshinweise.**

Investitions- und Finanzierungsgrundsätze in einem Unternehmen

Investiert wird in (Kategorien):

Welche Grundsätze gelten für die Ermittlung des Kapitalbedarfs?

Wodurch entsteht Kapitalbedarf?

Wovon hängt der Kapitalbedarf eines Unternehmes ab?

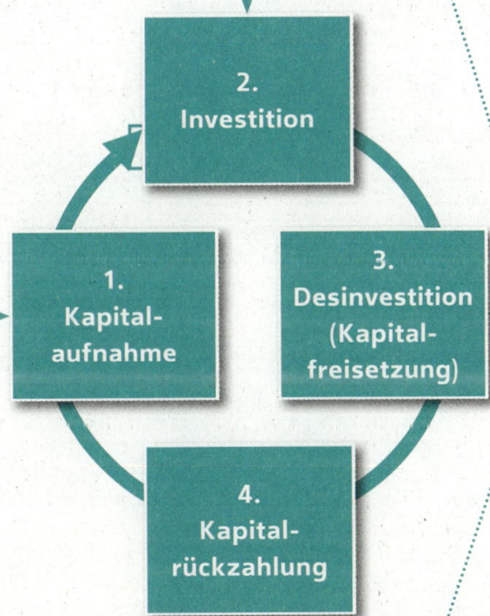

Fristen der Rückzahlung an Kapitalgeber:

Was wird unter der goldenen und silbernen Finanzierungsregel verstanden?

- **Goldene** Finanzierungsregel:

- **Silberne** Finanzierungsregel:

2. Im Mittelpunkt der Diskussion bei der Vorstandsbesprechung der Tom Hoss KG steht die sehr schwierige Situation in der Textilbranche. Es herrscht starke Konkurrenz, in deren Folge schon seit Längerem die eigenen Umsätze stagnieren. Eine Lösung sieht die Unternehmensleitung in umfangreichen Rationalisierungsinvestitionen. Strittig ist jedoch die Finanzierung.

a) **Erläutern Sie, inwiefern ein Zusammenhang zwischen Finanzierung und Investitionen besteht.**

Begriff	Erklärung	Zusammenhang
Finanzierung		
Investition		

b) **Nennen Sie drei weitere betriebliche Gründe, die zu Investitionen führen können.**

Investitionsart	Investitionsgrund

5334158

3. Erstellen Sie mithilfe Ihres Lehrbuchs aus folgenden Angaben einen Finanzplan (Liquiditätsplan) für die Monate Juli, August und September:

Der gesamte Zahlungsverkehr wird über ein Bankkonto abgewickelt. Bei der Bank besteht ein Dispositionskredit über 50.000,00 €. Zum 30. Juni besteht ein Bankguthaben von 50.000,00 €.

Der Finanzstatus zum 30. Juni weist folgende Planzahlen auf:

- Ausgaben zur Begleichung von Verbindlichkeiten
  - im Juli: 300.000,00 €
  - im August: 400.000,00 €
  - im September: 450.000,00 €
- Umsatzerlöse nach Ziel
  - im Juli: 150.000,00 €
  - im August: 400.000,00 €
  - im September: 650.000,00 €
- Ausgaben für Einkauf, Produktion und Verwaltung
  - im Juli: 100.000,00 €
  - im August: 140.000,00 €
  - im September: 220.000,00 €
- Einnahmen aus Warenverkäufen bar
  - im Juli: 250.000,00 €
  - im August: 50.000,00 €
  - im September: 150.000,00 €
- Einnahme von 25.000,00 € im August durch den Verkauf einer gebrauchten Maschine

Errechnen Sie für jeden Monat den voraussichtlichen Endbestand des Bankkontos.

	Juli	August	September
Stand Bankkonto Anfang des Monats			
= Endbestand Bankkonto			

Zur weiteren Vertiefung der Lerninhalte und Sicherung der Lernergebnisse empfehlen wir die Bearbeitung der Aufgaben in Kapitel 6 (Finanzierung und Investition) des Lernfeldes 14 in Ihrem Lehrbuch „Einzelhandel 4.0, 3. Ausbildungsjahr“.

3 Möglichkeiten der Kapitalbeschaffung

HANDLUNGSSITUATION

Daniel, der Freund von Stefanie Beyer, überlegt schon seit längerer Zeit, ob er sich mit seinem Arbeitskollegen Michael mit einem eigenen Software-Entwicklungsunternehmen mit einem kleinen integrierten Hardwarevertrieb selbstständig machen soll. Die beiden haben sich schon fleißig umgeschaut und einige Pläne geschmiedet.

Die Räume würden sie herrichten müssen, aber sie könnten sie immerhin kostengünstig anmieten, da Michaels Onkel, Hubert Wille, viele Immobilien besitzt und die Gewerbeflächen in einem Erdgeschoss kurzfristig frei werden. Onkel Hubert hat Michael bereits signalisiert, dass seine Geschäfte gut laufen, er sich derzeit ohnehin nach Geldanlagen umsieht und dass er die Räume günstig an die beiden vermieten würde. Für die Einrichtung, die ersten Waren und insbesondere die notwendige technische Ausstattung des Unternehmens fallen allerdings hohe Kosten an.

Die Kosten für diverse Server, Drucker, PCs usw. beziffern die beiden auf der Grundlage von eingeholten Angeboten auf ungefähr 120.000,00 €. Da sie in ihrem Unternehmen insbesondere hochkomplexe Computerspiele erstellen wollen, benötigen sie Grafikprogramme, die dazu imstande sind, eine optimale und realitätsnahe virtuelle Welt zu erschaffen. Die Grafikprogramme werden ca. 15.000,00 € kosten.

Hinzu kommen noch zahlreiche Nebenkosten für Büromaterialien, Telefonanlage, Kaffeemaschine usw. und die Kosten für die Herrichtung der Räumlichkeiten, welche Daniel und Michael insgesamt mit 7.000,00 € berechnet haben.

Schließlich haben Daniel und Michael ausgerechnet, dass die Verkaufsräume mit aktuellen PC-Modellen und entsprechendem Zubehör ausgestattet werden müssen. Die Verkaufsräume sind sehr klein, aber voraussichtlich wird die Erstausstattung mit den topaktuellen Waren 15.000,00 € kosten. Die beiden angehenden Jungunternehmer sehen den Verkauf aber lediglich als Abrundung ihres Angebots an. Eigentlich wollen sie ihr Geld mit den Computerspielen verdienen.

Daniel und Michael kennen sich aus der Ausbildung zum Fachinformatiker, die sie in diesem Jahr beenden werden. Die beiden können zwar sehr gut mit Computern umgehen, aber im Umgang mit Zahlen sind sie nicht so gewandt. Daher haben sie Stefanie in ihre Pläne eingeweiht. Schließlich macht sie eine kaufmännische Ausbildung und muss sich auskennen. Stefanie hat eingewilligt, dass sie sich informieren wird, wie die beiden ihr großes Vorhaben in die Tat umsetzen können. Insbesondere heißt das natürlich, dass sie sich über mögliche Formen der Finanzierung informieren muss, denn Rücklagen weisen die Jungs keine auf.

Heute Abend wollen die drei sich treffen und Stefanie hat sich um die Sache noch nicht kümmern können ...

Informationen zum Lösen der folgenden Handlungsaufgaben finden Sie im Lehrbuch „Einzelhandel 4.0, 3. Ausbildungsjahr" in Kapitel 6 (Finanzierung und Investition) des Lernfeldes 14.

HANDLUNGSAUFGABEN

G
a) Lesen Sie das Kapitel 14.6 im Schulbuch „Einzelhandel 4.0" durch.
b) Suchen Sie die Begriffe heraus, die Sie nicht verstehen.
c) Tragen Sie diese Begriffe in das Glossar am Ende des Arbeitsbuchs ein.
d) Klären Sie anschließend diese Begriffe mithilfe Ihrer Mitschülerinnen und Mitschüler sowie Ihrer Lehrerin/Ihres Lehrers.
e) Halten Sie die Erklärung für den jeweiligen Begriff ebenfalls im Glossar am Ende des Arbeitsbuchs fest.

1. **Ermitteln Sie, welche Dinge Stefanie für Daniel und Michael zu erledigen hat.**

2. **Verschaffen Sie sich zunächst mithilfe Ihres Lehrbuchs einen Überblick über die wesentlichen Möglichkeiten der Kapitalbeschaffung, die für Investitionen bestehen, indem Sie das folgende Schaubild vervollständigen:**

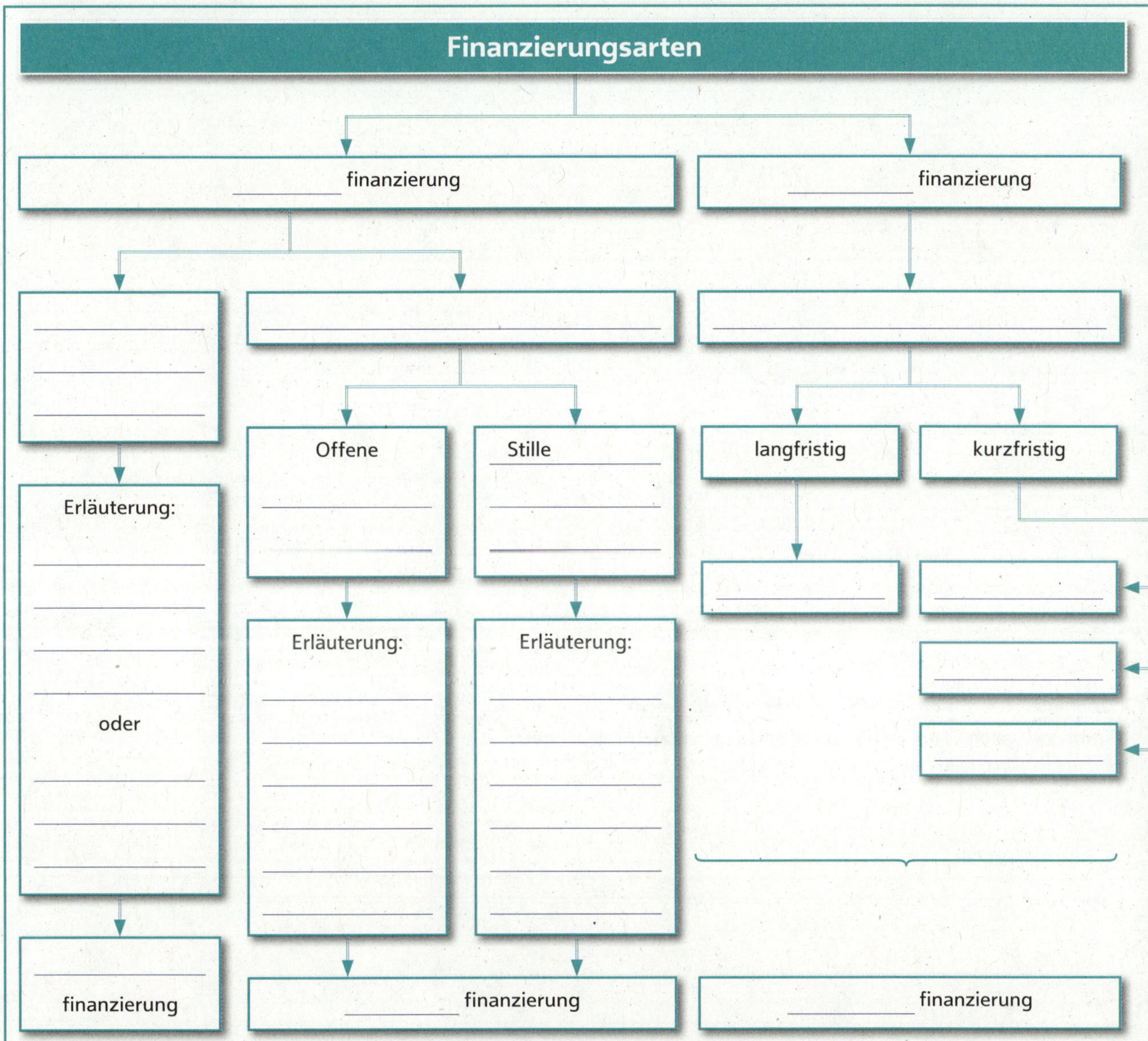

3. **Geben Sie die drei Kriterien an, die für die Beurteilung der Finanzierungsalternativen von Daniel und Michael relevant sind.**

4. Entscheiden Sie, ohne konkrete Prüfung bestimmter Finanzierungsalternativen, wie Daniel und Michael die drei Kriterien bei ihrer geplanten Finanzierung voraussichtlich abwägen müssen.

5. Überlegen Sie, ob eine Einlagen- oder Beteiligungsfinanzierung für Daniels und Michaels Vorhaben infrage kommen kann und welche Vor- und Nachteile diese Finanzierungsart hätte.

5334162

6. Überlegen Sie, ob eine Selbstfinanzierung für Daniels und Michaels Vorhaben infrage kommt.

a) **Beschreiben Sie kurz die wesentlichen Eigenschaften dieser Finanzierungsmöglichkeit.**

b) **Geben Sie begründet an, warum eine solche Finanzierung infrage kommt oder auch nicht!**

7. Überlegen Sie, ob eine Finanzierung durch Ausgabe von Aktien für Daniels und Michaels Vorhaben infrage kommt.

a) **Beschreiben Sie kurz die wesentlichen Eigenschaften dieser Finanzierungsmöglichkeit.**

b) **Geben Sie begründet an, warum eine solche Finanzierung infrage kommt oder auch nicht!**

8. Überlegen Sie, ob eine Finanzierung durch Abschreibungen für Daniels und Michaels Vorhaben infrage kommt.

a) **Beschreiben Sie kurz die wesentlichen Eigenschaften dieser Finanzierungsmöglichkeit.**

b) **Geben Sie begründet an, warum eine solche Finanzierung infrage kommt oder auch nicht!**

9. Geben Sie die Kriterien an, die für die Aufnahme von Krediten als Fremdfinanzierungsvariante von Daniel und Michael vorab zu klären sind.

5334164

10. Überlegen Sie, ob eine Finanzierung durch ein Darlehen für Daniels und Michaels Vorhaben infrage kommt.

a) **Beschreiben Sie kurz die wesentlichen Eigenschaften dieser Finanzierungsmöglichkeit.**

b) **Geben Sie begründet an, warum eine solche Finanzierung infrage kommt oder auch nicht!**

11. Überlegen Sie, ob eine Finanzierung durch einen Lieferantenkredit für Daniels und Michaels Vorhaben infrage kommt.

a) **Beschreiben Sie kurz die wesentlichen Eigenschaften dieser Finanzierungsmöglichkeit.**

b) **Geben Sie begründet an, warum eine solche Finanzierung infrage kommt oder auch nicht!**

12. Überlegen Sie, ob eine Finanzierung durch Kundenkredite für Daniels und Michaels Vorhaben infrage kommt.

a) **Beschreiben Sie kurz die wesentlichen Eigenschaften dieser Finanzierungsmöglichkeit.**

b) **Geben Sie begründet an, warum eine solche Finanzierung infrage kommt oder auch nicht!**

13. Überlegen Sie, ob eine Finanzierung durch Kontokorrentkredit für Daniels und Michaels Vorhaben infrage kommt.

a) **Beschreiben Sie kurz die wesentlichen Eigenschaften dieser Finanzierungsmöglichkeit.**

5334166

b) **Geben Sie begründet an, warum eine solche Finanzierung infrage kommt oder auch nicht!**

14. Fassen Sie zusammen, welche Finanzierungsmöglichkeiten für das Vorhaben von Daniel und Michael möglich sind, und geben Sie eine Empfehlung ab, die Stefanie den beiden im Gespräch geben kann. Bereiten Sie das Gespräch vor und stellen Sie sich darauf ein, dass Sie das Gespräch mit Ihrem Tischnachbarn oder Ihrer Tischnachbarin vor der Klasse nachstellen.

VERTIEFUNGS- UND ANWENDUNGSAUFGABEN

1. Daniel und Michael erhalten eine Rechnung vom Computergroßhändler Epple über brutto 15.000,00 €. Die Rechnung beinhaltet folgende Zahlungsbedingungen:

„Zahlbar innerhalb von 7 Tagen bei 1,5 % Skonto oder innerhalb von 60 Tagen nach Erhalt dieser Rechnung ohne Abzug."

Aus den Konditionen des unternehmerischen Bankkontos der beiden Jungunternehmer geht hervor, dass ihnen ein Kontokorrentkreditrahmen von 4.500,00 € zu 9,5 % eingeräumt wird. Darüber hinaus fallen Überziehungszinsen von insgesamt 15 % an.

a) **Berechnen Sie den möglichen Skontoertrag aus der Rechnung von Epple in Euro.**

b) **Berechnen Sie den Jahreszinssatz, dem der mögliche Skontoertrag entsprechen würde.**

c) **Berechnen Sie die Kosten für die Inanspruchnahme des Bankkredits und geben Sie begründet an, ob Skonto in Anspruch genommen werden sollte oder nicht.**

2. **Entscheiden Sie bei den folgenden Geschäftsvorfällen, welche Finanzierungsart vorliegt.**

Vorgang	Finanzierungsarten				
	Finanzierung durch Eigenkapital	Finanzierung durch Fremdkapital	Finanzierung durch Vermögensumschichtung	Innenfinanzierung	Außenfinanzierung
Aufnahme eines neuen OHG-Gesellschafters					
Aufnahme eines kurzfristigen Bankkredits					
Kauf eines Lkw aus Abschreibungsgegenwerten					
Verkauf nicht mehr benötigter Regale, um Warenvorräte aufzustocken					
Kauf von Waren auf Ziel für 5.000,00 €					
Einstellung des Gewinns in die freiwilligen Rücklagen					
Ausgabe neuer Aktien durch eine Aktiengesellschaft					

3. Die Tom Hoss KG möchte ein neues Zentrallager für den süddeutschen Raum in Heilbronn errichten. Die Unternehmensleitung überlegt, auf welchen Wegen dies finanziert werden kann.

a) **Nennen Sie zwei Beispiele für eine Innenfinanzierung.**

b) **Welcher Oberbegriff fasst die Beteiligungs- und Kreditfinanzierung zusammen?**

c) **Nennen Sie zwei Beispiele der Beteiligungsfinanzierung.**

d) **Führen Sie Nachteile der Kreditfinanzierung gegenüber der Beteiligungsfinanzierung auf.**

Zur weiteren Vertiefung der Lerninhalte und Sicherung der Lernergebnisse empfehlen wir die Bearbeitung der Aufgaben in Kapitel 6 (Finanzierung und Investition) des Lernfeldes 14 Ihres Lehrbuches „Einzelhandel 4.0, 3. Ausbildungsjahr".

4 Sicherung von Bankkrediten

HANDLUNGSSITUATION

Als Stefanie Beyer am Freitag von der Arbeit nach Hause geht, sieht sie auf ihrem Handy eine Nachricht ihrer Freundin Jana Blume: „Hallo Stefanie, habe nachher einen Banktermin! Benötige da deine Hilfe. Hast du Zeit?"

Stefanie ruft Jana sofort an.

Jana: *„Hallo Stefanie, schön, dass du dich sofort meldest!"*

Stefanie: *„Hi Jana! Das ist ist doch klar! Wie geht's?"*

Jana: *„Ja, also ich bin ganz aufgeregt, weil ich nachher einen Banktermin habe."*

Stefanie: *„Ah, geht es um deinen Plan mit dem ‚Café Jana Blume'? Wann ist der Termin?"*

Jana: *„Ja, genau darum geht es. Der Termin ist um 17:00 Uhr bei der Berliner Stadtbank. Das erste Telefonat mit der Bank war positiv. Sie haben meine Unterlagen und meinen Businessplan gesichtet und denken, dass mein Konzept erfolgreich sein könnte."*

Stefanie: *„Na, das glaube ich aber auch. Ein Café mit integriertem Blumenladen, schön dekoriert in einem Ecklokal im Szeneviertel Linden. Das wird natürlich klappen. Nur musst du es irgendwie bezahlen. Ich bin natürlich dabei und hoffe, dass wir das gemeinsam hinbekommen. Treffen wir uns um 16:55 Uhr vor der Bank?"*

Jana: *„Okay, super! Dann bis gleich!"*

Jana und Stefanie betreten die Bank und es empfängt sie der Sachbearbeiter Herr Krone. Nach den Vorstellungen und einigen grundsätzlichen Dingen zu Janas Vorhaben wird es interessant:

Herr Krone: *„Ja, dann kommen wir mal zum eigentlichen Thema, Frau Blume. Sie möchten für Ihr geplantes Café von uns einen Kredit zur Bewältigung der hohen finanziellen Belastung bei der Eröffnung. Was wollen Sie denn mit dem Geld anstellen?"*

Jana: *„Ich, ich möchte das Café einrichten und den Blumenladen nebendran in dem kleinen Raum, und überhaupt muss ja so viel gemacht werden. Auch an den Räumen und so."*

Herr Krone: *„Was heißt denn ‚einrichten' und ‚so viel gemacht werden' konkret?"*

Stefanie: *„Also, in dem Laden war bis vor ein paar Monaten eine Eckkneipe. Jana muss also nun Geld für eine neue, dem Konzept angemessene Inneneinrichtung haben. Außerdem werden natürlich ein neuer Tresen, ein Spezialkaffeeautomat und eine Küche eingerichtet werden müssen. In den Toiletten müssen neue Fliesen gelegt werden und neue Armaturen eingebaut werden. In dem Nebenraum, der Blumenladen werden soll, muss dafür nicht so viel gemacht werden. Hier wird lediglich eine Durchgangstür aus Glas direkt zum Café installiert werden müssen."*

Herr Krone: *„Na, damit kann ich doch schon etwas anfangen. Können Sie das benötigte Kreditvolumen in etwa beziffern?"*

Stefanie: *„Ja, wir haben das bereits gemeinsam durchgerechnet und sind auf etwa 30.000,00 € gekommen."*

Herr Krone: *„Oh, ... das ist ja schon eine Menge. Wie viel Eigenkapital bringen Sie denn ein, Frau Blume?"*

Jana: *„Naja, ... äähm ... ich habe ja gerade meine Ausbildung zur Floristin absolviert, da habe ich ja nicht so viel verdient und da konnte ich ja auch nicht so sparen und so. Und jetzt mache ich ja gar nichts, ich möchte ja schon immer dieses Café aufmachen. Also, ich habe 4.000,00 €, die ich zusätzlich selber einbringen kann. Aber das ist dann ja nur gerade so die Mietkaution für die Räume."*

Herr Krone: *„Tja, dann müssen wir den Kredit aber noch irgendwie absichern. Das ist Ihnen sicherlich klar."*

Jana: *„Ähm ... wie ‚absichern'?"*

Herr Krone: *„Na, haben Sie irgendwelches anderweitiges Vermögen, das Sie uns als Sicherheit geben können? Ein Auto, ein Haus, eine Wohnung, teuren Schmuck, Edelmetalle, Guthaben aus Versicherungen oder Bausparverträgen?"*

5334170

Jana: *„Nein, so etwas habe ich leider nicht. Meine Eltern sind berufstätig und haben ein kleines Haus, das abbezahlt ist."*

Herr Krone: *„Hm ... Das ist aber nicht Ihr Haus. Dann wird das mit dem Kredit schon schwieriger! Sie haben dann nur noch zwei Möglichkeiten: Entweder Sie präsentieren uns einen oder mehrere solvente Bürgen, zum Beispiel Ihre Eltern, oder wir vereinbaren eine Sicherungsübereignung."*

Jana: *„Ähm ... und das heißt?"*

Herr Krone: *„Das dauert jetzt wirklich sehr lange und ich habe gleich den nächsten Termin. Das hätte Ihnen doch aber klar sein müssen, dass Sie nicht einfach so Geld bekommen, ohne dass wir etwas in der Hand halten. Das geht doch nicht, junge Frau."*

Stefanie: *„Ach, Jana, das kläre ich für dich. Ich bin ja schließlich angehende Einzelhandelskauffrau und habe jeden Tag mit Geld zu tun. Vielen Dank, Herr Krone, wir melden uns morgen, wenn es Ihnen passt."*

Herr Krone: *„Das ist ein guter Vorschlag. Einen Moment ... ja ... um 18:00 Uhr?"*

Jana: *„Gut, das passt bei mir. Auf Wiedersehen!"*

Stefanie: *„Ich kann da leider nicht mitkommen, aber wir werden das vorher einfach gemeinsam besprechen. Auf Wiedersehen, Herr Krone."*

Herr Krone: *„Auf Wiedersehen, bis morgen!"*

Informationen zum Lösen der folgenden Handlungsaufgaben finden Sie im Lehrbuch „Einzelhandel 4.0, 3. Ausbildungsjahr" in Kapitel 7 (Kredite) des Lernfeldes 14.

HANDLUNGSAUFGABEN

G
a) **Lesen Sie das Kapitel 14.7 im Schulbuch „Einzelhandel 4.0" durch.**
b) **Suchen Sie die Begriffe heraus, die Sie nicht verstehen.**
c) **Tragen Sie diese Begriffe in das Glossar am Ende des Arbeitsbuchs ein.**
d) **Klären Sie anschließend diese Begriffe mithilfe Ihrer Mitschülerinnen und Mitschüler sowie Ihrer Lehrerin/Ihres Lehrers.**
e) **Halten Sie die Erklärung für den jeweiligen Begriff ebenfalls im Glossar am Ende des Arbeitsbuchs fest.**

1. **Ermitteln Sie, welche Aufgaben Stefanie bevorstehen.**

2. Stefanie entschließt sich dazu, sich zunächst einmal in ihrem Lehrbuch über die Möglichkeiten der Kreditvergabe und die Vorschläge der Bank zu informieren. **Vervollständigen Sie mithilfe der Informationen in Ihrem Lehrbuch den folgenden Überblick über die möglichen Kreditarten. Markieren Sie die Kreditarten, die Jana von der Bank eingeräumt werden.**

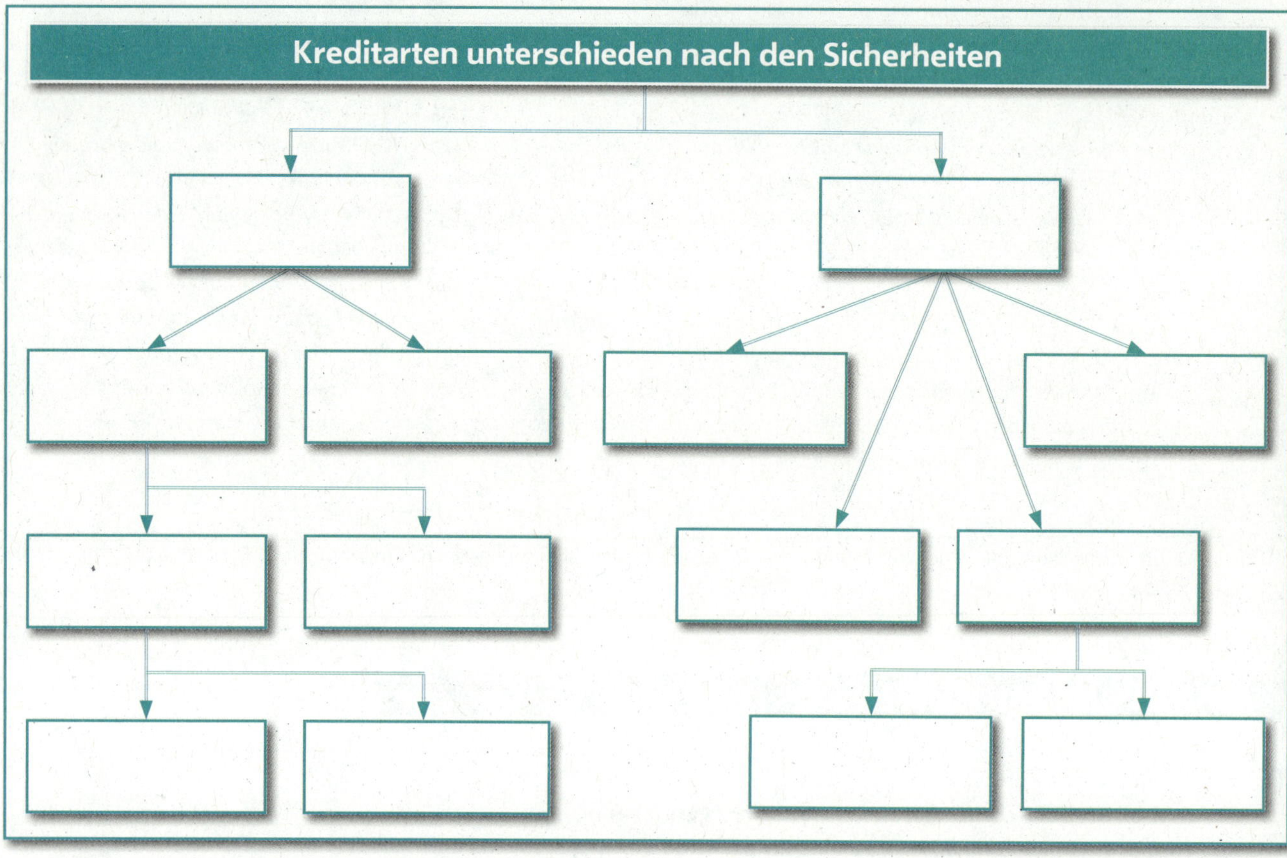

3. **Geben Sie in der folgenden Tabelle an, welche Kreditarten Jana von der Bank nicht angeboten worden sind. Erläutern Sie die Grundlagen jeder Kreditart kurz und finden Sie die Gründe, warum diese Kreditarten nicht infrage kommen oder nicht angeboten worden sind. Bitte geben Sie ausführliche Antworten!**

Kreditart	Grundlagen/Funktionsweise der Kreditart	Grund, warum diese Kreditart nicht angeboten wurde

5334172

Kreditart	Grundlagen/Funktionsweise der Kreditart	Grund, warum diese Kreditart nicht angeboten wurde

4. Nachdem Stefanie geklärt hat, dass andere Kreditarten als die von Herrn Krone genannten nicht infrage kommen, möchte sie sich nun mit den möglichen Kreditarten genauer befassen. **Informieren Sie sich in Ihrem Lehrbuch über die Möglichkeiten der Bürgschaft und erklären Sie den Ablauf der möglichen Formen von Bürgschaften bezogen auf Janas Fall mit eigenen Worten.**

a) **Ausfallbürgschaft**

b) **Selbstschuldnerische Bürgschaft**

5334174

c) **Geben Sie mit eigenen Worten wieder, worin genau die Sicherheit für die Bank bei einer Bürgschaft besteht.**

d) **Geben Sie an, welche Bürgschaft die Bank bevorzugen wird.**

e) **Geben Sie an, was Jana klären müsste, damit sie eine Bürgschaft in Anspruch nehmen kann.**

f) **Was würde es für eine Person bedeuten, für Janas geschäftliches Vorhaben zu bürgen?**

5. Die zweite Möglichkeit der Absicherung des von Jana benötigten Kredits ist die Absicherung über eine Sicherungsübereignung.

a) **Wann kommt eine Sicherungsübereignung als Kreditsicherheit infrage?**

b) **Beschreiben Sie, wie dieses Kreditgeschäft im Detail ablaufen würde.**

c) **Geben Sie die Vor- und Nachteile der Sicherungsübereignung für Kreditgeber und Kreditnehmer an.**

	Kreditgeber	Kreditnehmer
Vorteile		
Nachteile		

6. Stefanie hat sich nun ausführlich vorbereitet und sich über die möglichen Kreditarten, die für Jana infrage kommen, informiert. **Bereiten Sie stichpunktartig das Gespräch zwischen Jana und Stefanie vor und sprechen Sie eine Empfehlung für Jana aus.**

5334176

VERTIEFUNGS- UND ANWENDUNGSAUFGABEN

1. Die Aufnahme von langfristigem Fremdkapital wird von der Unternehmensleitung der Tom Hoss KG aufgrund der vorhandenen Sicherheiten als weitere Finanzierungsmöglichkeit angesehen. **Wie könnte das Verwaltungsgrundstück als Sicherheit dienen?**

Beschreiben Sie die Eckpunkte der beiden Möglichkeiten.

Entstehung		
Voraussetzung		
Haftung		
Löschung		

Welche Sicherungsart verlangen die Banken meist und warum?

2. Die Doris Bank Berlin ist bereit, der Tom Hoss KG Kapital in Höhe von 70 % des Anschaffungswerts der neuen elektronischen Lagersteuerungsanlage gegen deren Sicherungsübereignung zur Verfügung zu stellen.
Beschreiben Sie, wie die Sicherungsübereignung der technischen Anlage erfolgt.

Warum beleiht die Doris Bank die Steuerungsanlage nur mit 70 % des Anschaffungswerts?

3. Herr Münch, Inhaber einer Bekleidungsfabrik, wäre bereit, für die Tom Hoss KG zu bürgen, falls die Doris Bank als Sicherheit eine Bürgschaft verlangen würde. **Zwischen wem kommt der Bürgschaftsvertrag zustande?**

Welche Arten der Bürgschaft sind zu unterscheiden und welche wird die Doris Bank verlangen? Begründen Sie Ihre Antwort.

5334178

4. Lesen Sie das Kapitel 14.7 des Lehrbuches und ergänzen Sie die folgende Tabelle um die richtigen Begriffe.

Begriff	Erläuterung
	Für diese Art der fast immer kurzfristigen Kredite ist ausschließlich die Kreditwürdigkeit des Schuldners ausschlaggebend.
	Hier haften außer dem Schuldner noch weitere Personen.
	Hier ist die Einrede der Vorausklage ausgeschlossen.
	Die zusätzlich haftende Person muss erst zahlen, wenn gegen den Hauptschuldner die Zwangsvollstreckung erfolglos betrieben wurde.
	Der Drittschuldner wird von der Forderungsabtretung benachrichtigt.
	Der Drittschuldner zahlt – ohne Kenntnis der neuen Situation – nach wie vor an seinen Gläubiger, der das Geld anschließend an den neuen Gläubiger weiterleitet.
	Hier steht die dingliche Sicherung im Vordergrund.
	Zur Sicherung der Forderung schließt der Kreditgeber mit dem Schuldner einen Pfandvertrag.
	Der Schuldner bleibt zwar Besitzer einer Sache, der Kreditgeber wird aber Eigentümer.

Zur weiteren Vertiefung der Lerninhalte und Sicherung der Lernergebnisse empfehlen wir die Bearbeitung der Aufgaben in Kapitel 7 (Kredite) des Lernfeldes 14 Ihres Lehrbuches „Einzelhandel 4.0, 3. Ausbildungsjahr“.

5 Leasing

HANDLUNGSSITUATION

Jakub Nowak hat sich durch diverse gute Arbeiten für Herrn Franke ausgezeichnet. Heute bekommt er wieder einmal einen Spezialauftrag.

Herr Franke: *„Guten Morgen, Herr Nowak! Wie geht es Ihnen? Sind Sie im Stress?“*

Jakub: *„Guten Morgen, Herr Franke. Mir geht es gut, ich habe im Moment auch keinen Stress.“*

Herr Franke: *„Umso besser, denn ich habe mal wieder einen Spezialauftrag für Sie!“*

Jakub: *„Oh, sehr schön! Um was geht es denn?“*

Herr Franke: *„In der letzten Zeit haben wir ja viele Abteilungen mit diversen neuen Geräten ausgestattet und jetzt konnte ich in der Abteilungsleiterkonferenz endlich durchsetzen, dass auch wir in der Verwaltung etwas mehr Annehmlichkeiten erhalten. Ich habe mich dafür eingesetzt, dass wir endlich den Druckerraum neu ausstatten. Die drei alten Document-Center sollen in kleineren Zweigfilialen genutzt werden und wir erhalten drei neue Document-Center.“*

Jakub: *„Das ist ja super. Dann können wir vielleicht endlich auch problemlos scannen und persönliche Druckaufträge erteilen.“*

Herr Franke: *„Genau das wird bald möglich sein. Und noch vieles mehr! Wir haben uns in der Konferenz auf ein paar Rahmenbedingungen für die Anschaffung geeinigt. Im Moment ist es sehr schwer, an Kredite zu kommen. Wir möchten außerdem eigentlich keine Kredite mehr aufnehmen, da unsere Eigenkapitalquote ohnehin schon bedenklich gering ist. Dies sollten wir bei der Anschaffung im Auge behalten. Hier können insbesondere Leasingangebote sehr interessant sein. Frau Hoss hat ferner zu bedenken gegeben, dass bei derartigen Gerätschaften das Investitionsrisiko bei der Entscheidungsfindung beachtet werden müsse und dass bedacht werden muss, dass aufgrund technischer Fortschritte auch eine Anpassung möglich sein muss. Dies könne über entsprechende Vertragsgestaltungen gemacht werden.“*

Jakub: *„Das hört sich ja so an, als ob es gar nicht so einfach wäre, diese Document-Center zu kaufen.“*

Herr Franke: *„Das ist korrekt. Aber die Frage ist ja, ob wir überhaupt kaufen! 20.000,00 € pro Gerät sind eine ganze Menge! Hinzu kommt das Risiko der Reparatur und Wartung, welches mit ca. 5 % im ersten Jahr zu beziffern ist und dann mit jedem weiteren Jahr aufgrund der Abnutzung der Maschinen um ca. 30 % ansteigt. Ein Kauf aus dem Eigenkapital ist aufgrund der angespannten Finanzlage keine Option.“*

Jakub: *„Ach so, stimmt. Sie sagten ja auch etwas von Leasing.“*

Herr Franke: *„Ja, das sind interessante Modelle. Es liegen mir bereits drei Angebote vor. Zwei davon sind Leasingangebote. Informieren Sie sich bitte über Leasingmodelle. Anschließend prüfen Sie die Angebote und machen mir einen Vorschlag, welches für uns am besten geeignet ist. Ich könnte mir eine Nutzwertanalyse als Entscheidungshilfe gut vorstellen. Ach ja, ein wichtiger Aspekt ist noch, dass es schön wäre, wenn wir uns vertraglich nicht langfristig binden, um bei eventuellen Problemen mit den Maschinen oder mit unseren Finanzen kurzfristig reagieren zu können. Diese Document-Center sind ja nicht lebenswichtig für die Tom Hoss KG. Ha ha!“*

Jakub: *„Ja, das ist ja eine ganze Menge. Dann muss ich mich über Leasing zunächst einmal informieren. Damit kenne ich mich nämlich noch gar nicht so gut aus.“*

5334180

Angebot 1:

Berliner Stadtbank

ANNUITÄTENDARLEHEN

Darlehenssumme:	60.000,00 €
Laufzeit:	5 Jahre
anfängliche Tilgung:	16,5 % im ersten Jahr
Zinssatz:	10 % der Restschuld am Jahresbeginn

Die Zinsen und die Tilgung (und im letzten Jahr die Abschlusszahlung) werden jährlich am Jahresende in einer Summe fällig. Die jährlichen Raten bleiben in den Folgejahren unverändert. Es ändert sich lediglich das Verhältnis von Zins zur Tilgung. Eine Kündigung ist während der Laufzeit nur durch Ablösung des Darlehens unter Zahlung einer Vorablöseentschädigung möglich.

Angebot 2:

EFFEKTIV LEASING

Leasingangebot

Wert der Leasingobjekte:	60.000,00 €
monatliche Leasingrate:	3,1 %

Die Leasingraten werden jeweils am Monatsende fällig. Eine Vertragsdauer wird nicht vereinbart.
Die Kündigung des Vertrags ist jederzeit zum Beginn des übernächsten Monats möglich.
Die Kündigung bedarf der Schriftform.
Die monatliche Leasingrate beinhaltet unseren 24-Stunden-Reparatur-und-Wartungsservice, sodass Sie kein Risiko für diese Kosten tragen. Die Leasingobjekte werden bei technischer Überholung auf Wunsch gegen Geräte auf dem technisch neuesten Stand aus unserem Hause ersetzt. Die Leasingobjekte bleiben während der gesamten Vertragslaufzeit unser Eigentum und gehen bei Beendigung dieses Vertrags auch wieder in unseren Besitz über.

Angebot 3:

KANICO MANOLTI LEASING

LEASINGANGEBOT

Wert der Leasingobjekte:	60.000,00 €
Grundmietzeit:	4 Jahre
monatliche Leasingrate:	2,6 %
Restkaufpreis nach Grundmietzeit:	9.000,00 €

Die Leasingraten werden jeweils am Monatsende fällig.

Die Kündigung des Vertrags ist nach Ablauf der Grundmietzeit jederzeit zum Beginn des übernächsten Monats möglich. Die Kündigung bedarf der Schriftform. Nach Ablauf der Grundmietzeit kann das Eigentum an den Leasingobjekten durch den Leasingnehmer gegen eine Zahlung von 9.000,00 € erworben werden. Sollte diese Option nicht in Anspruch genommen werden, wird der Wert der Leasingobjekte geprüft. Bei vereinbarter und sachgemäßer Nutzung beträgt der Restwert 7.500,00 €. Bei einem niedrigeren Restwert ist der Differenzbetrag vom Leasingnehmer zu begleichen.

Die monatliche Leasingrate beinhaltet ausschließlich die Gebrauchsüberlassung der Document-Center sowie alle im Zusammenhang mit dem Leasingvertrag stehenden Nebenleistungen von Kanico Manolti. Hierunter fallen ausdrücklich keine Reparatur- und Wartungskosten an den Leasingobjekten. Die Wartungen sind auf eigene Kosten des Leasingnehmers regelmäßig einmal jährlich vorzunehmen. Die Leasingobjekte bleiben während der gesamten Vertragslaufzeit unser Eigentum und gehen bei Beendigung dieses Vertrags auch wieder in unseren Besitz über.

Informationen zum Lösen der folgenden Handlungsaufgaben finden Sie im Lehrbuch „Einzelhandel 4.0, 3. Ausbildungsjahr" in Kapitel 8 (Leasing) des Lernfeldes 14.

HANDLUNGSAUFGABEN

G
- **a) Lesen Sie das Kapitel 14.8 im Schulbuch „Einzelhandel 4.0“ durch.**
- **b) Suchen Sie die Begriffe heraus, die Sie nicht verstehen.**
- **c) Tragen Sie diese Begriffe in das Glossar am Ende des Arbeitsbuchs ein.**
- **d) Klären Sie anschließend diese Begriffe mithilfe Ihrer Mitschülerinnen und Mitschüler sowie Ihrer Lehrerin/Ihres Lehrers.**
- **e) Halten Sie die Erklärung für den jeweiligen Begriff ebenfalls im Glossar am Ende des Arbeitsbuchs fest.**

1. **Ermitteln Sie, welche Aufgaben Jakub zu erledigen hat.**

2. **Informieren Sie sich mithilfe Ihres Lehrbuches über die Grundsätze des Leasings, indem Sie das folgende Schaubild vervollständigen.**

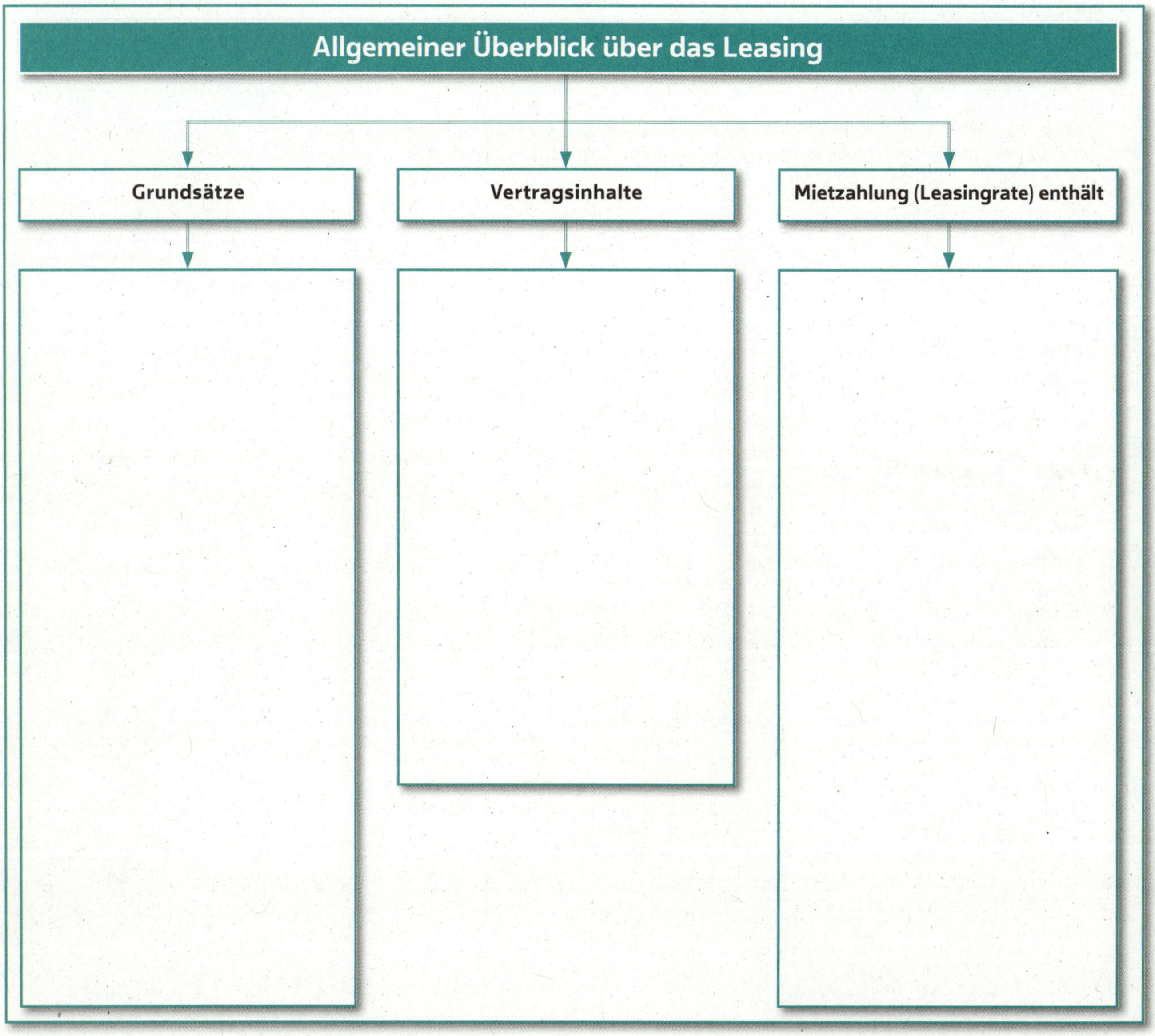

3. Leasingverträge können nach verschiedenen Kriterien unterschieden werden. Eine wichtige Unterscheidung ist die nach den Verpflichtungen aus dem zugrunde liegenden Leasingvertrag. **Informieren Sie sich mithilfe Ihres Lehrbuches über die beiden Leasingarten, die hier unterschieden werden, und vervollständigen Sie den folgenden tabellarischen Überblick:**

Merkmal	Finance-Leasing	Operate-Leasing
Grundmietzeit		
Kündigung		
Wartung und Instandhaltung		
Risiko des Untergangs		
Kreditausfallrisiko		
Risiko der Verwendung (des Verkaufs) nach Ablauf des Leasings		

4. Sie sind jetzt schon bestens über die verschiedenen Arten von Leasingverträgen informiert. Nun müssen Sie die drei vorliegenden Angebote zur Finanzierung der Document-Center anhand der Informationen von Herrn Franke beurteilen. **Schauen Sie noch einmal in die Handlungssituation und überlegen Sie, welche Faktoren für die Beurteilung relevant sind.**

5. Betrachten Sie die Angebote zunächst einmal wie jeder vernünftige Kaufmann und jede vernünftige Kauffrau von der finanziellen Seite. Berechnen Sie die Kosten für die drei Finanzierungsangebote in den vorgefertigten Lösungstabellen.

Angebot 1: Berliner Stadtbank Annuitätendarlehen

Jahr	Restschuld	Tilgung	Zinsen	feste Kosten gesamt	Reparatur und Wartung geschätzt
1	60.000,00 €				
2					
3					
4					
5					
Gesamt	X				
voraussichtliche Gesamtkosten:					

Angebot 2: Effektiv Leasingangebot 1

Jahr	Restschuld	Leasing mtl.	jährliche Kosten
1	0,00 €		
2			
3			
4			
5			
Gesamtkosten	X	X	

Angebot 3: Kanico Manolti Leasingangebot 2

Jahr	Restschuld	Leasing mtl.	Kosten	Reparatur und Wartung geschätzt
1	0,00 €			
2				
3				
4				
5		X		
Summe				
voraussichtliche Gesamtkosten				

5334184

6. Die Angebote 2 und 3 sind Leasingangebote. **Geben Sie an, um welche Arten von Leasing es sich handelt.**

7. In der Lösungstabelle des zweiten Angebots steht „Gesamtkosten“, in der Lösungstabelle des dritten Angebots „voraussichtliche Gesamtkosten“. **Erläutern Sie diesen Umstand.**

8. Geben Sie an, welchen Vorteil sowohl das Annuitätendarlehen als auch das Leasingangebot 2 (Kanico Manolti) gegenüber dem Leasingangebot 1 (Effektiv) bezüglich einer möglichen Verwertung der Document-Center bieten.

9. Erstellen Sie eine Nutzwertanalyse, um herauszufinden, welche Investition Sie Herrn Franke als optimale Lösung für die Tom Hoss KG vorstellen können.

Hinweis:

Finden Sie fünf Kriterien. Das wichtigste Kriterium wird mit 50 % gewichtet, das nächstwichtigste mit 40 % usw., jeweils absteigend mit 10 % weniger. Unter „Nutzen" wird erfasst, wie sehr ein Kriterium erfüllt wird. Der Nutzen der besten Alternative wird mit 3 gewertet, die zweitbeste Alternative mit 2 und die schlechteste Alternative mit 1. Ist ein Kriterium gar nicht erfüllt, wird es mit 0 gewichtet! Sind Kriterien gleichmäßig erfüllt, werden sie mit dem Durchschnitt ihrer Gewichtungen erfasst.

	Gewichtung %	Angebot 1		Angebot 2		Angebot 3	
		Nutzen	Nutzwert	Nutzen	Nutzwert	Nutzen	Nutzwert
Kosten	50						
Gesamtwert							

10. Bereiten Sie gemeinsam mit Ihrem Sitznachbarn oder Sitznachbarin das Gespräch zwischen Jakub Nowak und Herrn Franke vor. Machen Sie sich Notizen zu den wichtigsten Aspekten in dem folgenden Lösungsfeld und seien Sie bereit, das Gespräch mit verteilten Rollen vor der Klasse zu simulieren.

5334186

VERTIEFUNGS- UND ANWENDUNGSAUFGABEN

1. Die Tom Hoss KG möchte einen Lkw zur Auslieferung leasen.
Beantworten Sie mithilfe des Lehrbuches die folgenden Fragen.

a) **Nennen Sie Vorteile, die für den Leasingnehmer mit dem Leasing verbunden sind.**

b) **Führen Sie Nachteile für den Leasingnehmer auf.**

c) **Unterscheiden Sie die beiden Finanzierungsarten Kredit und Leasing anhand der folgenden Merkmale.**

	Leasing	Kredit
Bedarf an Geldmitteln		
laufende Liquiditäts-belastung		
Eigentumserwerb		
steuerliche Vorteile		
Sicherheit		

Zur weiteren Vertiefung der Lerninhalte und Sicherung der Lernergebnisse empfehlen wir die Bearbeitung der Aufgaben in Kapitel 8 (Leasing) des Lernfeldes 14 Ihres Lehrbuches „Einzelhandel 4.0, 3. Ausbildungsjahr“.

6 Außergerichtliches (kaufmännisches) Mahnverfahren

HANDLUNGSSITUATION

Auch Stefanie Beyer ist nun direkt bei Herrn Franke im Rechnungswesen der Tom Hoss KG eingesetzt. Am ersten Tag wird sie von Herrn Franke zum Gespräch gebeten.

Herr Franke: *„Ah, Frau Beyer, guten Tag, schön, dass Sie da sind."*

Stefanie: *„Guten Tag, Herr Franke."*

Herr Franke: *„Frau Beyer, Sie wissen ja, Sie arbeiten hier in einem wichtigen Teil der Tom Hoss KG, denn hier wird der Erfolg gesichert."*

Stefanie: *„Oh, da bin ich sehr gespannt. Ich habe bei Frau Zuber ja schon einiges gelernt, aber ich weiß, dass es noch sehr viel mehr im Rechnungswesen zu tun gibt, als ich mir gerade vorstellen kann."*

Herr Franke: *„Ach, kein Problem, Sie bekommen sehr schnell einen genauen Überblick. Daher komme ich auch gleich zur Sache. Die Auszubildenden bekommen bei mir immer einen besonderen Bereich zugewiesen, in dem sie mir direkt zuarbeiten. Sie werden in der nächsten Zeit also unsere O-Pos-Liste verwalten, prüfen, ob unsere Kunden in Verzug geraten sind, und notwendige Maßnahmen vorbereiten, die dafür sorgen, dass wir an unser Geld kommen."*

Stefanie: *„Was kann ich mir denn darunter vorstellen und was ist die O-Pos-Liste?"*

Herr Franke: *„Eine Vorstellung müssen Sie sich schon selbst verschaffen. Kurz gesagt: Die O-Pos-Liste ist unsere Liste mit den offenen Positionen, also den Forderungen, die wir noch gegenüber unseren Kundinnen und Kunden haben, aber das kennen Sie ja aus dem Schulunterricht ... ist also nichts Neues."*

Stefanie: *„Ja, Forderungen kenne ich aus dem Rechnungswesenunterricht. Was soll ich denn mit den offenen Forderungen tun?"*

Herr Franke: *„Sie werden sich innerhalb kürzester Zeit in unser Forderungsmanagement einarbeiten und dafür sorgen, dass die Kundinnen und Kunden ihre ausstehenden Beträge bei uns begleichen. Dazu habe ich Ihnen einen dringenden Fall mitgebracht, der mir heute auf den Tisch gekommen ist. Die Zahlung von Herrn Tommy Tacke für die bei uns gekaufte Ware in Höhe von brutto 2.499,00 € war am 12. März fällig. Das war bereits vor 7 Tagen. Da müssen wir etwas machen."*

Stefanie: *„Sollten wir da nicht eine Mahnung schreiben?"*

Herr Franke: *„Ich sehe, Sie begreifen schnell. Informieren Sie sich bitte zunächst über das Forderungsmanagement und die Möglichkeiten unseres Mahnverfahrens. Schauen Sie, ob Tommy Tacke in Verzug ist und ob wir ihn mahnen können. Veranlassen Sie alles, um dies zu tun."*

Stefanie: *„Ich werde sehen, was sich machen lässt, Herr Franke."*

Herr Franke: *„Frau Beyer, ich kenne diesen Tommy Tacke. Es wird schwer, an das Geld zu kommen. Bitte prüfen Sie daher sämtliche Rechte, die uns in diesem Fall zustehen. Verfassen Sie die Zahlungserinnerung an Tommy Tacke. Da er in der Vergangenheit keine Verzugszinsen gezahlt hat, möchte ich, dass zukünftig eine genaue Aufstellung der Verzugszinsen in allen Zahlungserinnerungen und Mahnschreiben von uns enthalten ist."*

Stefanie: *„Das werde ich tun."*

5334188

Tom Hoss KG TH
Damen- und Herrenmode

Tom Hoss KG * Grunerstr. 120 * 10169 Berlin
Herrn
Tommy Tacke
Hospitalstr. 7
13585 Berlin

Rechnungs-Nr. 132-3-20..
Kunden-Nr.
Lieferdatum 15.02.20..

Telefon 030 750 610-100
Fax 030 750 610-11
E.Mail rechnung@tomhoss-kg-wvd.de
Internet www.tomhoss-kg-wvd.de

Datum 12.02.20..

RECHNUNG

Menge	Artikel/Bestellnummer	Einzelpreis €	Gesamtpreis €
2	Anzug „Haio Buss" Art.-Nr. 1-200-12	500,00	1.000,00
3	Oberhemd „Tom Hoss Exclusiv" Gr. 38 Art.-Nr. 1-220-14	75,00	225,00
2	Jeanshose „Tom Hoss" Gr. 48 Art.-Nr. 1-509-15	120,00	240,00
1	Jacke „Wullenstern" Gr. L Art.-Nr. 1-700-34	400,00	400,00
1	Lederschuh „Tom Hoss Komfort" Gr. 42 Art.-Nr. 1-800-45	235,00	235,00
	Nettowert		2.100,00
	+ 19 % USt		399,00
	Rechnungsbetrag		2.499,00
	Zahlbar zum 12.03.20... Bei Zahlung bis zum 16.02.20.. kann Skonto in Höhe von 2 % des Nettowerts gezogen werden.		

Informationen zum Lösen der folgenden Handlungsaufgaben finden Sie im Lehrbuch „Einzelhandel 4.0, 3. Ausbildungsjahr" in Kapitel 10 und 11 (Zahlungsverzug; Kaufmännisches Mahnverfahren) des Lernfeldes 14.

HANDLUNGSAUFGABEN

G
- **a) Lesen Sie die Kapitel 14.10 und 14.11 im Schulbuch „Einzelhandel 4.0" durch.**
- **b) Suchen Sie die Begriffe heraus, die Sie nicht verstehen.**
- **c) Tragen Sie diese Begriffe in das Glossar am Ende des Arbeitsbuchs ein.**
- **d) Klären Sie anschließend diese Begriffe mithilfe Ihrer Mitschülerinnen und Mitschüler sowie Ihrer Lehrerin/Ihres Lehrers.**
- **e) Halten Sie die Erklärung für den jeweiligen Begriff ebenfalls im Glossar am Ende des Arbeitsbuchs fest.**

1. Ermitteln Sie, welche Aufgaben Stefanie zu erledigen hat.

2. Stefanie beschließt, dass sie zunächst einmal verstehen möchte, was dieses Forderungsmanagement überhaupt ist. **Arbeiten Sie mithilfe Ihres Lehrbuches heraus,**

a) **welche Folgen verspätete Zahlungseingänge aufgrund eines mangelhaften oder fehlenden Forderungsmanagements für das Einzelhandelsunternehmen haben können.**

b) **welche Gründe Kundinnen und Kunden für einen Schuldnerverzug haben können.**

c) **an welchen Grundsätzen sich ein erfolgreiches Forderungsmanagement orientieren sollte.**

3. Der § 286 BGB bestimmt, wann ein Schuldner in Zahlungsverzug gerät. **Arbeiten Sie aus dem Gesetzesauszug die drei grundlegenden Voraussetzungen für den Schuldnerverzug heraus.**

§ 286 BGB Verzug des Schuldners

(1) Leistet der Schuldner auf eine Mahnung des Gläubigers nicht, die nach dem Eintritt der Fälligkeit erfolgt, so kommt er durch die Mahnung in Verzug. Der Mahnung stehen die Erhebung der Klage auf die Leistung sowie die Zustellung eines Mahnbescheids im Mahnverfahren gleich.

5334190

	Voraussetzung lt. Gesetzestext	Erläuterung der Voraussetzung
1		
2		
3		

4. In bestimmten Fällen kann eine Mahnung des Schuldners unterbleiben und der Verzug tritt trotzdem ein. Diese Ausnahmefälle sind in § 286 (2) und (3) BGB geregelt. **Arbeiten Sie diese Ausnahmetatbestände aus dem Gesetz heraus und vervollständigen Sie den folgenden tabellarischen Überblick unter Nennung eines Beispiels.**

(2) Der Mahnung bedarf es nicht, wenn
1. für die Leistung eine Zeit nach dem Kalender bestimmt ist,
2. der Leistung ein Ereignis vorauszugehen hat und eine angemessene Zeit für die Leistung in der Weise bestimmt ist, dass sie sich von dem Ereignis an nach dem Kalender berechnen lässt,
3. der Schuldner die Leistung ernsthaft und endgültig verweigert,
4. aus besonderen Gründen unter Abwägung der beiderseitigen Interessen der sofortige Eintritt des Verzugs gerechtfertigt ist.

(3) Der Schuldner einer Entgeltforderung kommt spätestens in Verzug, wenn er nicht innerhalb von 30 Tagen nach Fälligkeit und Zugang einer Rechnung oder gleichwertigen Zahlungsaufstellung leistet; dies gilt gegenüber einem Schuldner, der Verbraucher ist, nur, wenn auf diese Folgen in der Rechnung oder Zahlungsaufstellung besonders hingewiesen worden ist. Wenn der Zeitpunkt des Zugangs der Rechnung oder Zahlungsaufstellung unsicher ist, kommt der Schuldner, der nicht Verbraucher ist, spätestens 30 Tage nach Fälligkeit und Empfang der Gegenleistung in Verzug.

	Ausnahmetatbestand	Gesetzesstelle
1	Beispiel:	§ 286 (2) Nr. 1 BGB
2	Beispiel:	§ 286 (2) Nr. 2 BGB
3	Beispiel:	§ 286 (2) Nr. 3 BGB
4	Beispiel:	§ 286 (2) Nr. 4 BGB
5	Beispiel:	§ 286 (3) BGB

5. **Überprüfen Sie, ob Tommy Tacke aufgrund seiner offenen Rechnung in Verzug geraten ist. Prüfen Sie alle Voraussetzungen, die im Sachverhalt infrage kommen.**

zu prüfende Voraussetzung	Wie ist die Situation im Sachverhalt?	Voraussetzung erfüllt?

Ergebnis:

6. **Finden Sie mithilfe Ihres Lehrbuches heraus, welche vorrangigen Rechte die Tom Hoss KG gegenüber Tommy Tacke im vorliegenden Sachverhalt geltend machen kann.**

	Vorrangige Rechte bei Zahlungsverzug
1	
2	

5334192

7. Die Tom Hoss KG kann von Tommy Tacke unter anderem Schadenersatz neben der Leistung verlangen. **Geben Sie genau an, welche Bestandteile diese Schadenersatzzahlung im vorliegenden Fall hätte.**

8. **Vervollständigen Sie den Überblick über die Bestandteile des Schadenersatzes neben der Leistung.**

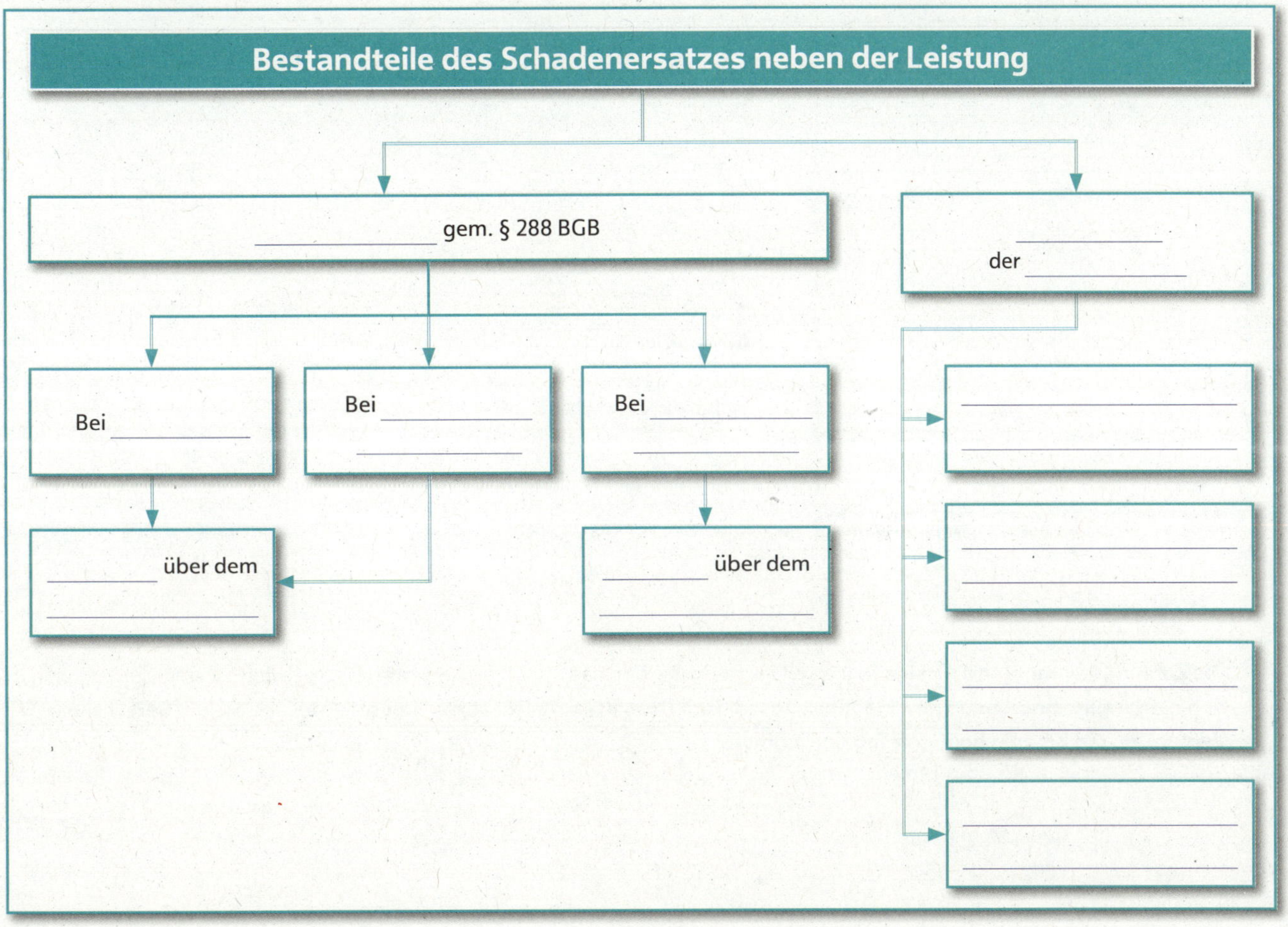

9. Wenn sich abzeichnet, dass die Tom Hoss KG den Kaufpreis für die Ware nicht von Tommy Tacke erhalten wird, ergeben sich für sie weitere, nachrangige Rechte aus einem Schuldnerverzug von Tommy Tacke. **Vervollständigen Sie mithilfe Ihres Lehrbuches den folgenden Überblick über die nachrangigen Rechte, die sich ergeben würden.**

Nachrangige Rechte des Gläubigers bei Zahlungsverzug des Schuldners

______ und ______

Kombination möglich

______ und Schadenersatz ______

gleichzeitig

oder

Voraussetzungen:

______

Folgen:

______

10. **Die Zahlungserinnerung an Herrn Tacke soll verfasst werden. Da ab jetzt eine genaue Berechnung der Verzugszinsen in den Zahlungserinnerungen und Mahnungen der Tom Hoss KG aufgeführt werden soll, müssen Sie die Berechnung der Verzugszinsen bis zum heutigen Tag vornehmen.**

5334194

11. **Verfassen Sie die Zahlungserinnerung an Tommy Tacke auf einem gesonderten Blatt Papier. Achten Sie auf die Formulierungen und auch auf die Formvorschriften.** Es handelt sich um ein offizielles Schreiben der Tom Hoss KG.

12. **Informieren Sie sich mithilfe Ihres Lehrbuches über das kaufmännische Mahnverfahren. Geben Sie an, warum es für die Tom Hoss KG sinnvoll ist, das außergerichtliche (kaufmännische) Mahnverfahren durchzuführen.**

13. Betrachten Sie das Beispiel für den Ablauf des außergerichtlichen Mahnverfahrens in Ihrem Lehrbuch. So läuft das Mahnverfahren also bei der Tom Hoss KG ab. **Beschreiben Sie in dem folgenden Lösungsfeld das Mahnverfahren in Ihrem Ausbildungsbetrieb in ähnlich dargestellter Form und bereiten Sie sich darauf vor, es Ihrer Klasse vorzustellen.**

VERTIEFUNGS- UND ANWENDUNGSAUFGABEN

1. Berechnen Sie die Anzahl der Tage, die bei den folgenden Versäumnissen (angegeben ist der Fälligkeitstag) maßgeblich sind
Hinweis: Anwendung der „deutschen Zinsmethode" 30/360:

a) 13.01. bis 02.03. __________

b) 22.04. bis 25.11 __________

c) 13.06. bis 31.10. __________

d) 27.02. bis 26.05. __________

e) 06.03. bis 01.10. __________

f) 09.01. bis 07.07. __________

g) 19.11. bis 28.02. __________

2. Geben Sie an, warum eine Mahnung in dem Fall, dass die ursprüngliche Rechnung an Tommy Tacke kein Zahlungsziel und keine Erläuterungen dazu enthalten hätte, zusätzliche Bedeutung gewinnen würde.

3. Beschreiben Sie die Unterschiede zwischen einer Zahlungserinnerung und einer Mahnung.

Zur weiteren Vertiefung der Lerninhalte und Sicherung der Lernergebnisse empfehlen wir die Bearbeitung der Aufgaben in Kapitel 10 und 11 (Zahlungsverzug; Kaufmännisches Mahnverfahren) des Lernfeldes 14 in Ihrem Lehrbuch „Einzelhandel 4.0, 3. Ausbildungsjahr".

5334196

7 Gerichtliches Mahnverfahren

HANDLUNGSSITUATION

Stefanie hat den Fall Tommy Tacke schon fast wieder vergessen. Sie hatte ja damals die Zahlungserinnerung verfasst und danach hat sie nie wieder etwas von Tommy Tacke gehört. Offensichtlich hat er gezahlt.

Doch heute, am 21.05.20.., kommt Herr Franke in ihr Büro:

Herr Franke: *„Guten Morgen, Frau Beyer!"*

Stefanie: *„Guten Morgen, Herr Franke. Was kann ich für Sie tun?"*

Herr Franke: *„Sie erinnern sich an den Fall Tommy Tacke und das Soundsystem für 2.499,00 €?"*

Stefanie: *„Ja, hat er schon wieder etwas nicht bezahlt?"*

Herr Franke: *„Schon wieder?!? Er hat die Ware immer noch nicht bezahlt."*

Stefanie: *„Was? Aber ich habe doch seit der Zahlungserinnerung gar nichts mehr von dem Fall gehört."*

Herr Franke: *„Das ist auch richtig. Alle weiteren Schritte des außergerichtlichen Mahnverfahrens werden von unserem System automatisch generiert. Erst wenn das gerichtliche Mahnverfahren ansteht, müssen wir uns wieder mit dem Fall befassen. Und deshalb bin ich nun wieder bei Ihnen."*

Stefanie: *„Ach, das ist ja sehr praktisch, dass so viel automatisiert ist. Schade ist nur, dass Herr Tacke noch nicht gezahlt hat."*

Herr Franke: *„Das sehe ich auch so. Daher möchte ich Sie bitten, nun die nächsten Schritte einzuleiten. Informieren Sie sich auch gleich über das gesamte weitere Verfahren, da davon auszugehen ist, dass Herr Tacke nicht bezahlen wird."*

Informationen zum Lösen der folgenden Handlungsaufgaben finden Sie im Lehrbuch „Einzelhandel 4.0, 3. Ausbildungsjahr" in Kapitel 12 (Gerichtliches Mahnverfahren) des Lernfeldes 14.

HANDLUNGSAUFGABEN

G
a) Lesen Sie das Kapitel 14.12 im Schulbuch „Einzelhandel 4.0" durch.
b) Suchen Sie die Begriffe heraus, die Sie nicht verstehen.
c) Tragen Sie diese Begriffe in das Glossar am Ende des Arbeitsbuchs ein.
d) Klären Sie anschließend diese Begriffe mithilfe Ihrer Mitschülerinnen und Mitschüler sowie Ihrer Lehrerin/Ihres Lehrers.
e) Halten Sie die Erklärung für den jeweiligen Begriff ebenfalls im Glossar am Ende des Arbeitsbuchs fest.

1. Ermitteln Sie, welche Aufgaben Stefanie zu erledigen hat.

2. Stellen Sie fest, wie Stefanie vorgehen muss, wenn sie die nächsten Schritte des Verfahrens einleiten will.

3. Erstellen Sie den Antrag auf Erlass eines Mahnbescheids gegen Tommy Tacke. Bei Fragen und Problemen verwenden Sie auf der Homepage www.online-mahnantrag.de die Funktion Hilfe | Online Mahnantrag. Dort finden Sie Erläuterungen zu sämtlichen Zeilen des Antrags.

Gehen Sie von bereits angefallenen Mahnkosten von 13,50 € aus. Zusätzlich sind Kosten für den Vordruck und das Porto in Höhe von 3,30 € angefallen. Eine Rechtsanwaltskanzlei wird nicht eingeschaltet. Die Kosten für dieses gerichtliche Mahnverfahren betragen 59,50 €.

Antrag auf Erlass eines Mahnbescheids

– Nicht verwendbar für Rechtsanwälte und registrierte Inkassodienstleister –

Raum für Vermerke des Gerichts

Zeilen-Nummer

1 Datum des Antrags | C | **Bitte beachten Sie die Ausfüllhinweise!**

Antragsteller

2 **Bei mehreren Antragstellern: Es wird versichert, dass der in Spalte 1 Bezeichnete bevollmächtigt ist, die weiteren zu vertreten.**

	Spalte 1	Spalte 2 – Weiterer Antragsteller
3	1 = Herr, 2 = Frau; Vorname	1 = Herr, 2 = Frau; Vorname
4	Nachname	Nachname
5	Straße, Hausnummer – **bitte kein Postfach!** –	Straße, Hausnummer – **bitte kein Postfach!** –
6	Postleitzahl / Ort / Ausl. Kz.	Postleitzahl / Ort / Ausl. Kz.

7 **Spalte 3 – Nur Firma, juristische Person u. dgl. als Antragsteller** | Rechtsform, z. B. GmbH, AG, OHG, KG

8 3 = **nur** Einzelfirma 4 = **nur** GmbH u. Co KG **sonst Rechtsform:** | Vollständige Bezeichnung

9 Fortsetzung von Zeile 9

10 Straße, Hausnummer – **bitte kein Postfach!** – | Postleitzahl / Ort / Ausl. Kz.

11

	Gesetzlicher Vertreter	Gesetzlicher Vertreter (auch weiterer)
12	*Nr. der Spalte, in der der Vertretene bezeichnet ist*; Stellung (z. B. Geschäftsführer, Vater, Mutter, Vormund)	*Nr. der Spalte, in der der Vertretene bezeichnet ist*; Stellung
13	Vor- und Nachname	Vor- und Nachname
14	Straße, Hausnummer – **bitte kein Postfach!** –	Straße, Hausnummer – **bitte kein Postfach!** –
15	Postleitzahl / Ort / Ausl. Kz.	Postleitzahl / Ort / Ausl. Kz.

16

Antragsgegner

17 Falls der Antragsgegner unter das Zusatzabkommen zum NATO-Truppenstatut fällt, bitte Ausfüllhinweise beachten. | **Antragsgegner sind Gesamtschuldner**

	Spalte 1	Spalte 2 – Weiterer Antragsgegner
18	1 = Herr, 2 = Frau; Vorname	1 = Herr, 2 = Frau; Vorname
19	Nachname	Nachname
20	Straße, Hausnummer – **bitte kein Postfach!** –	Straße, Hausnummer – **bitte kein Postfach!** –
21	Postleitzahl / Ort / Ausl. Kz.	Postleitzahl / Ort / Ausl. Kz.

22 **Spalte 3 – Nur Firma, juristische Person u. dgl. als Antragsgegner** | Rechtsform, z. B. GmbH, AG, OHG, KG

23 3 = **nur** Einzelfirma 4 = **nur** GmbH u. Co KG **sonst Rechtsform:** | Vollständige Bezeichnung

24 Fortsetzung von Zeile 24

25 Straße, Hausnummer – **bitte kein Postfach!** – | Postleitzahl / Ort / Ausl. Kz.

26

	Gesetzlicher Vertreter	Gesetzlicher Vertreter (auch weiterer)
27	*Nr. der Spalte, in der der Vertretene bezeichnet ist*; Stellung (z. B. Geschäftsführer, Vater, Mutter, Vormund)	*Nr. der Spalte, in der der Vertretene bezeichnet ist*; Stellung
28	Vor- und Nachname	Vor- und Nachname
29	Straße, Hausnummer – **bitte kein Postfach!** –	Straße, Hausnummer – **bitte kein Postfach!** –
30	Postleitzahl / Ort / Ausl. Kz.	Postleitzahl / Ort / Ausl. Kz.

31

ADVO BEDARF Mahnbescheidsantrag Amtsgericht, 1. Blatt (1723-VI / 10) Bestell-Nr. 33263-00

Fassung 01. 06. 2010

Bitte die nächste Vordruckseite beachten!

5334198

Bezeichnung des Anspruchs

Zeilen-Nummer

I. Hauptforderung – siehe Katalog in den Hinweisen –

Zeile	Katalog-Nr.	Rechnung/Aufstellung/Vertrag oder ähnliche Bezeichnung	Nr. der Rechng./des Kontos u. dgl.	Datum bzw. Zeitraum (TT.MM.JJ) vom	bis	Betrag EUR
32						
33						
34						

35 Postleitzahl | Ort als Zusatz bei Katalog-Nr. 17, 19, 20, 90 | Ausl. Kz. | Vertragsart als Zusatz bei Katalog-Nr. 28 | -Vertrag

36 Sonstiger Anspruch – nur ausfüllen, wenn im Katalog nicht vorhanden – mit Vertrags-/Lieferdatum/Zeitraum vom ... bis ...

37 Fortsetzung von Zeile 36 | vom | bis | Betrag EUR

38 **Nur bei Abtretung oder Forderungsübergang:**
Früherer Gläubiger – Vor- und Nachname, Firma (Kurzbezeichnung) | Datum | Seit diesem Datum ist die Forderung an den Antragsteller abgetreten/auf ihn übergegangen.

39 Postleitzahl | Ort | Ausl. Kz.

IIa. Laufende Zinsen

Zeile	Zeilen-Nr. der Hauptforderung	Zinssatz %	oder %-Punkte über Basiszinssatz	1 = jährl. 2 = mtl. 3 = tägl.	Betrag EUR nur angeben, wenn abweichend vom Hauptforderungsbetrag.	Ab Zustellung des Mahnbescheids, wenn kein Datum angegeben. ab oder vom	bis
40							
41							
42							

IIb. Ausgerechnete Zinsen

Gemäß dem Antragsgegner mitgeteilter Berechnung für die Zeit

43 vom | bis | Betrag EUR

III. Auslagen des Antragstellers für dieses Verfahren

Vordruck/Porto Betrag EUR | Sonstige Auslagen Betrag EUR | Bezeichnung

IV. Andere Nebenforderungen

44 Mahnkosten Betrag EUR | Auskünfte Betrag EUR | Bankrücklastkosten Betrag EUR | Inkassokosten Betrag EUR | Anwaltsvergütung für vorgerichtl. Tätigkeit Betrag EUR | Sonstige Nebenforderung Betrag EUR | Bezeichnung

Ein streitiges Verfahren wäre durchzuführen vor dem

45
1 = Amtsgericht
2 = Landgericht
3 = Landgericht – KfH
6 = Amtsgericht – Familiengericht
8 = Sozialgericht
in Postleitzahl | Ort

Im Falle eines Widerspruchs beantrage ich die Durchführung des streitigen Verfahrens.

Prozessbevollmächtigter des Antragstellers

46
3 = Rechtsbeistand
4 = Herr, Frau
9 = Verbraucherzentrale, -verband

Betrag EUR

Ordnungsgemäße Bevollmächtigung versichere ich.

Bei Rechtsbeistand: Anstelle der Auslagenpauschale (Nr. 7002 VV RVG) werden die nebenstehenden Auslagen verlangt, deren Richtigkeit versichert wird.

Der Antragsteller ist nicht zum Vorsteuerabzug berechtigt.

47 Vor- und Nachname/Bezeichnung

48 Straße, Hausnummer – **bitte kein Postfach!** – | Postleitzahl | Ort | Ausl. Kz.

49 IBAN oder: | Bankleitzahl | Konto-Nr. | BIC (Bank Identifier Code)

Von **Kreditgebern (auch Zessionar)** zusätzlich zu machende Angaben bei Anspruch aus Verbraucherdarlehensvertrag (§§ 491 ff BGB):

Zeile	Zeilen-Nr. der Hauptforderung	Vertragsdatum	Effektiver Jahreszins	Zeilen-Nr. der Hauptforderung	Vertragsdatum	Effektiver Jahreszins	Zeilen-Nr. der Hauptforderung	Vertragsdatum	Effektiver Jahreszins
50									

Geschäftszeichen des Antragstellers/Prozessbevollmächtigten

51

Ich erkläre, dass der Anspruch von einer Gegenleistung abhängt, die bereits erbracht wurde oder nicht von einer Gegenleistung abhängt.

Ich beantrage, einen Mahnbescheid zu erlassen und in diesen die Kosten des Verfahrens aufzunehmen.

An das Amtsgericht – Mahnabteilung –

52

53 Postleitzahl, Ort

Unterschrift des Antragstellers/Vertreters/Prozessbevollmächtigten

Fassung 01. 06. 2010

ADVO BEDARF Mahnbescheidsantrag Amtsgericht, 2. Blatt (1723-VI / 10) Bestell-Nr. 33263-00

4. **Geben Sie mithilfe Ihres Lehrbuches die Wirkung des Mahnbescheids im Fall Tommy Tacke wieder. Gehen Sie auch auf Wirkungen des Mahnbescheids ein, die im vorliegenden Fall nicht greifen.**

5. **Vervollständigen Sie das folgende Schaubild zum Verlauf des gerichtlichen Mahnverfahrens nach Zustellung des Mahnbescheids.**

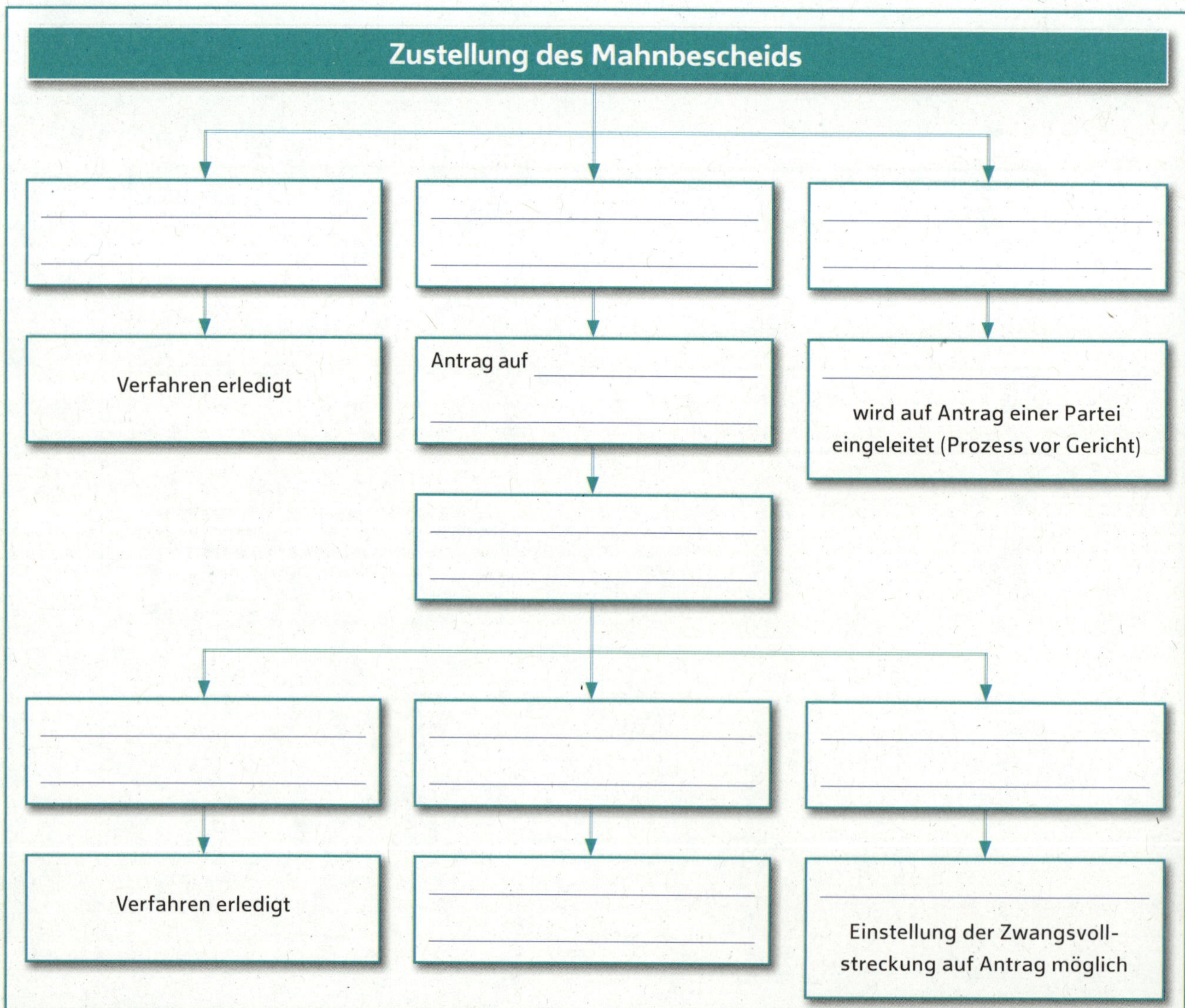

5334200

VERTIEFUNGS- UND ANWENDUNGSAUFGABEN

1. Gegen Tommy Tacke wurde ein Vollstreckungsbescheid über 2.650,00 € erwirkt. Die Voraussetzungen für die Zwangsvollstreckung liegen vor. Die Gerichtsvollzieherin ist bei dem allein in Berlin lebenden Tommy Tacke (angestellter Tischler) zu Hause und findet Gegenstände vor. **Entscheiden Sie, ob und wie die Gerichtsvollzieherin die Gegenstände pfänden wird.**

Gegenstand/Wert/Neupreis	Pfändbar	Pfändungshandlung	Pfandwert
Kühltruhe (Kühlschrank ist vorhanden) Wert: 75,00 € Neupreis: 299,00 €			
Bargeld i.H.v. 123,00 €			
Kleidung, Wäsche, Bettwäsche Wert: 750,00 € Neupreis: 2.985,00 €			
eigene Werkzeuge, z. B. Sägen, Hämmer usw. Wert: 250,00 € Neupreis: 520,00 €			
LCD-Fernseher Wert: 1.000,00 € Neupreis: 2.250,00 €			
Böse-Soundsystem High-Sound 3.7 Wert: 1.250,00 € Neupreis: 2.499,00 €			

2. Was wird die Gerichtsvollzieherin tun, wenn Tommy Tacke die Forderung nach der Pfändung nicht bezahlt?

3. **Tragen Sie mithilfe der Kapitel 14.10 bis 14.12 des Lehrbuches die fehlenden Begriffe in die Mindmap ein.**

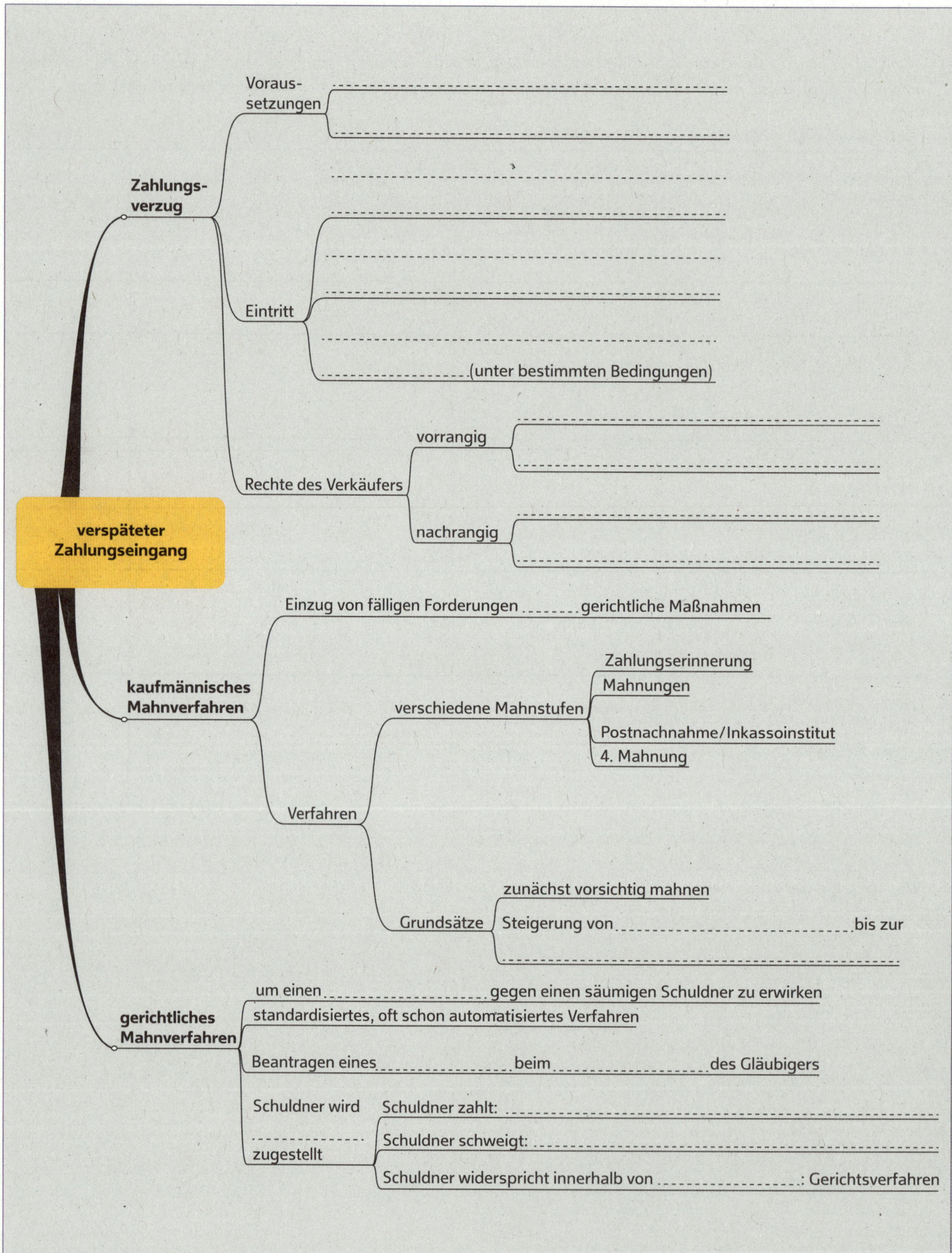

5334202

4. Lesen Sie das Kapitel 14.12 des Lehrbuches und ergänzen Sie den folgenden Text um die fehlenden Begriffe.

Amtsgericht – Amtsgerichts – Antragsgegners – Antragstellers – Basiszinssatz – Basiszinssatz – Beweiserhebung – billiger – Fälligkeit – Forderung – Formular – Geldeingang – handschriftlich – Internet – Klageschrift – normales – Schreibwarenfachhandel – sechs – Unternehmern – Verhandlung – Verjährungsfrist – Verzugszinsen – Vollstreckungsbescheid – Vollstreckungsbescheid – Vollstreckungstitel – www.online-mahnantrag.de – Widerspruch – Zahlungen – Zahlungsverzug – Zustellung – Zwangsvollstreckung – zwei

Das Mahnverfahren ist ein zivilgerichtliches Spezialverfahren ohne mündliche ________________, ausführliche ________________ und ________________. Es bietet sich an, wenn es um Geldforderungen geht (z. B. Kaufpreis-, Werklohn- oder Darlehensforderungen). Es ist erheblich ____________ als eine normale Klage.

Voraussetzung eines erfolgreichen Mahnverfahrens ist, dass sich der Schuldner in ________________ befindet. Erste Voraussetzung dafür ist nach § 286 BGB, dass die Leistung des Schuldners fällig ist. Die ____________ ergibt sich aus den zwischen Gläubiger und Schuldner getroffenen Absprachen, seien es vertragliche Vereinbarungen oder vom Vertragspartner akzeptierte Allgemeine Geschäftsbedingungen. Ab Verzugseintritt kann der Gläubiger ________________ vom Schuldner fordern. Diese liegen 5 % über dem ________________, bei Kaufverträgen zwischen ________________ 9 % über dem ________________.

Nach der Zivilprozessordnung ist örtlich zuständig das Gericht am Sitz des ________________, nicht des ________________. Die Durchführung des Mahnverfahrens liegt in der ausschließlichen sachlichen Zuständigkeit des ________________. Auf die Höhe des Streitwerts kommt es nicht an.

Der Erlass eines Mahnbescheids kann nur mit dem offiziellen ____________ beantragt werden. Der Antrag kann zugleich den Antrag auf Durchführung eines Streitverfahrens für den Fall des Widerspruchs durch den Schuldner enthalten. Beide Angaben stehen bereits vorgedruckt im Antragsformular, das im ________________________ (nicht beim ________________!) erhältlich ist oder im ____________ unter ____________________________ abgerufen werden kann.

Der Antragsteller hat den Geldbetrag, getrennt nach Haupt- und Nebenforderung, und den Anspruchsgrund (z. B. Kaufpreis) anzugeben. Die ____________ ist nicht zu begründen.

Ferner muss der Antrag die Bezeichnung der Parteien, gegebenenfalls des gesetzlichen Vertreters oder des bestellten Prozessbevollmächtigten, enthalten. Neben dem Mahngericht muss zusätzlich das Gericht benannt werden, das für ein streitiges Verfahren örtlich und sachlich zuständig ist.

Schließlich muss der Mahnantrag ________________ unterzeichnet sein, per Internet mit Signaturkarte.

Mit der Bearbeitung des Mahnantrags fordert das Gericht beim Antragsteller die Kosten an.
Entspricht der Antrag den Voraussetzungen, erlässt das Amtsgericht nach ______________ einen Mahnbescheid. Dieser enthält den Hinweis, dass das Gericht die Anspruchsberechtigung nicht geprüft hat. Er weist weiter auf die Folge hin, dass ein ________________________ ergehen kann, wenn nicht innerhalb von zwei Wochen Widerspruch erhoben wird.

Der Mahnbescheid wird dem Antragsgegner vom Gericht automatisch „von Amts“ wegen zugestellt. Mit der Zustellung des Mahnbescheids wird die laufende ________________ unterbrochen.

Der Antragsgegner kann gegen den Mahnbescheid ______________ einlegen. Damit geht das Mahnverfahren in ein ______________ (das ordentliche oder streitige) Gerichtsverfahren über. In diesem Verfahren kann sich der Antragsgegner gegen den behaupteten Anspruch sachlich zur Wehr setzen. Eine Begründung ist nicht erforderlich. Die Widerspruchsfrist beträgt ________ Wochen ab der ______________ des Mahnbescheids.

Hat der Antragsgegner nicht oder nicht rechtzeitig gegen den gesamten Anspruch Widerspruch eingelegt, so erlässt das Amtsgericht auf Antrag des Gläubigers einen ______________________ auf Grundlage des nicht angefochtenen Mahnbescheids (bzw. dessen nicht angefochtenen Teils). Der Antrag muss spätestens ________ Monate nach Zustellung des Mahnbescheids gestellt werden und die Erklärung enthalten, ob und welche ______________ inzwischen auf den per Mahnbescheid geltend gemachten Anspruch geleistet worden sind. Der vom Amtsgericht erlassene Vollstreckungsbescheid dient als eigenständiger und vorläufig vollstreckbarer ____________________. Mit ihm kann die ____________________ betrieben werden.

Zur weiteren Vertiefung der Lerninhalte und Sicherung der Lernergebnisse empfehlen wir die Bearbeitung der Aufgaben in Kapitel 12 (Gerichtliches Mahnverfahren) des Lernfeldes 14 in Ihrem Lehrbuch „Einzelhandel 4.0, 3. Ausbildungsjahr“.

8 Unternehmenskrisen

HANDLUNGSSITUATION

Nachdem Stefanie Beyer jetzt schon einige Aufgaben für Herrn Franke erfolgreich erledigt hat, kommt er heute mit einem neuen Anliegen.

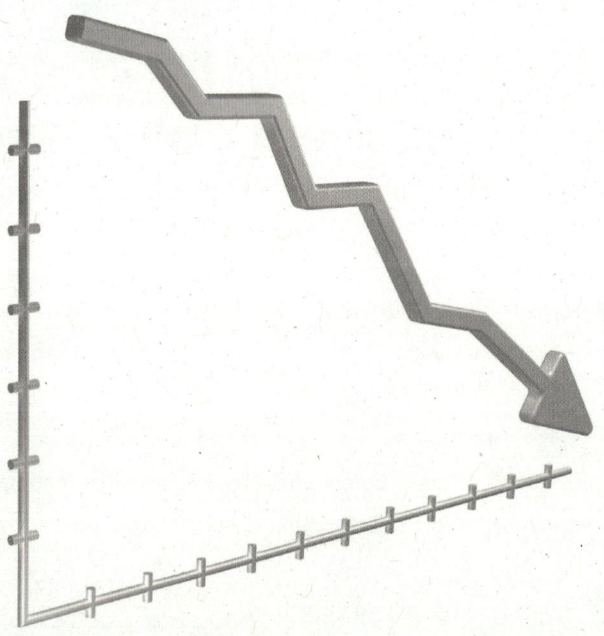

Stefanie: _„Guten Morgen, Herr Franke.“_

Herr Franke: _„Guten Morgen, Frau Beyer. Heute hat mich eine schreckliche Nachricht ereilt. Eine solche Situation hatten wir noch nie! Sie müssen mich dabei unterstützen. Unsere Tochterfirma, der Modehersteller ‚Hoss-Sports GmbH‘, steckt in ernsten Schwierigkeiten. Die Geschäftsführung sieht im Moment leider keine andere Möglichkeit, als einen Teil der Arbeitnehmerinnen und Arbeitnehmer zu entlassen. Die Umsätze sind stark rückläufig und in diesem Monat – und wer weiß, was danach kommt – kann die Hoss-Sports GmbH voraussichtlich ihren laufenden Zahlungsverpflichtungen nicht nachkommen, sodass auch der Verschuldungsgrad steigt.“_

Stefanie: _„Oh je, das ist ja schrecklich. Aber was können denn die Arbeitnehmenden dafür? Es gibt doch sicher noch weitere Gründe für die schlechte Situation, oder?“_

Herr Franke: _„Hm, ... ja ... die Beschäftigten können nichts dafür. Das ist richtig. Es werden auch große Teile der Geschäftsführung ausgetauscht, da auch Fehler des Managements zu der aktuellen Situation geführt haben. Das Produktsortiment der Hoss-Sports GmbH ist nicht an die veränderte Marktnachfrage angepasst worden und die alten Produktionsmaschinen sind nicht in der Lage, die geforderte Qualität der produzierten Ware zu gewährleisten. Hier hätte das Management früher und nachhaltiger investieren müssen. Allerdings gab es durch die schlechte Konjunkturlage auch hohe Forderungsausfälle.“_

Stefanie: *„Na, da ist ja alles auf einmal zusammengekommen bei der Hoss-Sports GmbH."*

Herr Franke: *„Das können Sie laut sagen. Und jetzt einfach so investieren ist nicht möglich, da in den letzten Jahren sämtliche Gewinne entnommen wurden, anstatt eine solide Eigenkapitalbasis zu schaffen. Und nur über Kredite kann man ein Unternehmen halt nicht finanzieren. Tja, und zu guter Letzt ist jetzt auch noch durch die Neueröffnung der Hajo Hagens OHG in Berlin enorme Konkurrenz erwachsen, sodass unser Stammhaus als einziger Großabnehmer der Hoss-Sports GmbH nicht mehr so viel verkaufen kann."*

Stefanie: *„Und was sollen wir jetzt tun?"*

Herr Franke: *„Wir halten ja die Anteile an der Hoss-Sports GmbH und prüfen, wie wir weiter vorgehen. Zunächst einmal sollten wir die Gründe für die Situation analysieren und dann überlegen, wie wir die Gesellschaft aus der Krise bringen können."*

Stefanie: *„Muss in solchen Fällen nicht Insolvenz angemeldet werden?"*

Herr Franke: *„Genau das müssen wir unter anderem prüfen. Bitte informieren Sie sich schon einmal über das Insolvenzverfahren und dann geben Sie mir heute Nachmittag einen Überblick. Anschließend sehen wir weiter. In der Zwischenzeit werde ich mir in der Buchführung der Hoss-Sports einen Überblick über die Situation verschaffen."*

Informationen zum Lösen der folgenden Handlungsaufgaben finden Sie im Lehrbuch „Einzelhandel 4.0, 3. Ausbildungsjahr" in Kapitel 13 (Unternehmenskrisen) des Lernfeldes 14.

HANDLUNGSAUFGABEN

G
- a) **Lesen Sie das Kapitel 14.13 im Schulbuch „Einzelhandel 4.0" durch.**
- b) **Suchen Sie die Begriffe heraus, die Sie nicht verstehen.**
- c) **Tragen Sie diese Begriffe in das Glossar am Ende des Arbeitsbuchs ein.**
- d) **Klären Sie anschließend diese Begriffe mithilfe Ihrer Mitschülerinnen und Mitschüler sowie Ihrer Lehrerin/Ihres Lehrers.**
- e) **Halten Sie die Erklärung für den jeweiligen Begriff ebenfalls im Glossar am Ende des Arbeitsbuchs fest.**

1. Ermitteln Sie, welche Aufgaben Stefanie für Herrn Franke zu erledigen hat.

2. **Verschaffen Sie sich mithilfe Ihres Lehrbuches einen Überblick über mögliche Anzeichen von Unternehmenskrisen, indem Sie das folgende Schaubild vervollständigen.**

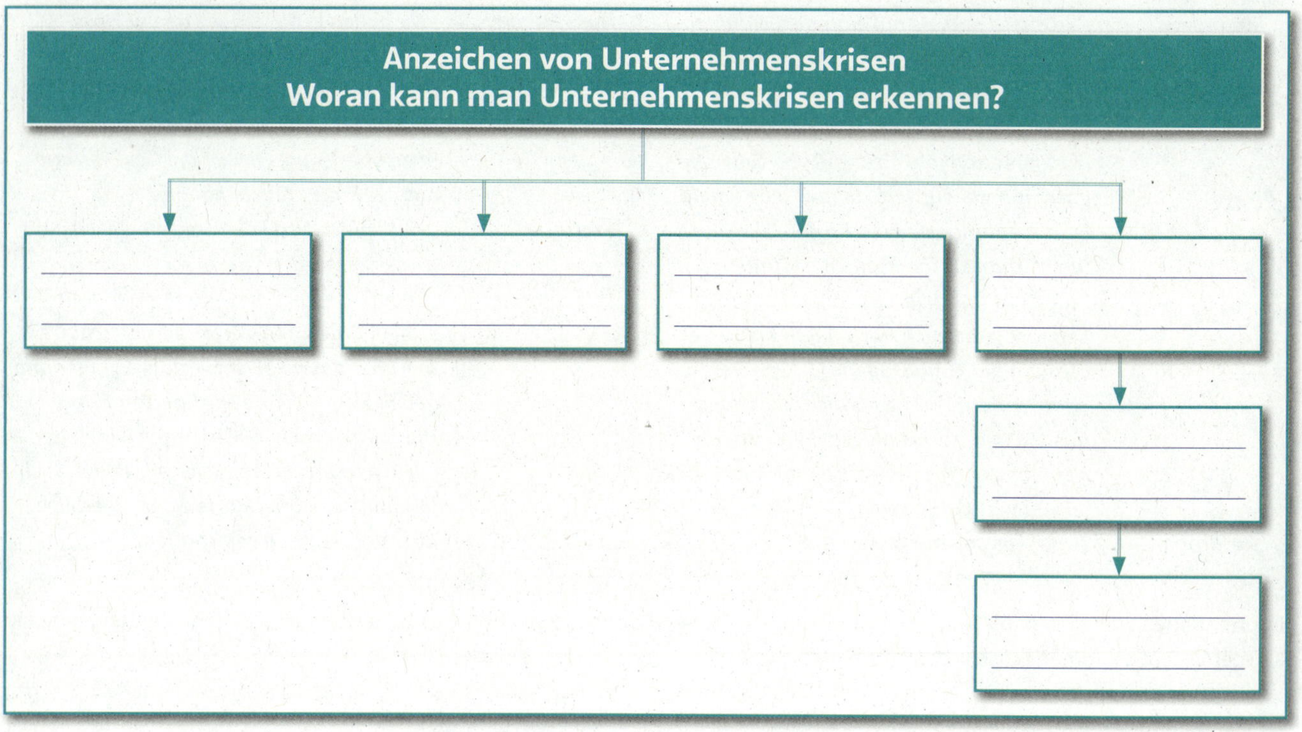

3. **Überprüfen Sie mithilfe der vorliegenden Informationen von Herrn Franke, ob bei der Hoss-Sports GmbH Anzeichen für eine Unternehmenskrise vorliegen, und falls ja, geben Sie diese an.**

4. **Verschaffen Sie sich mithilfe Ihres Lehrbuches einen Überblick über mögliche Gründe, die für Unternehmenskrisen verantwortlich sein können, indem Sie das folgende Schaubild vervollständigen.** *Hinweis: Nummerieren Sie die Gründe durchgehend.*

Gründe von Unternehmenskrisen
Wie kommt es zu Unternehmenskrisen?

z. B.:	z. B.:	z. B.:	z. B.:

5. Im Fall von Unternehmenskrisen ist es immer wichtig, ob die Gründe, die für die Krise verantwortlich sind, „hausgemacht" sind oder ob sie von dem Unternehmen nicht beeinflusst werden konnten. Daher wird häufig auch eine Unterteilung der Gründe in interne und externe Gründe für Unternehmenskrisen vorgenommen. **Unterteilen Sie die in Handlungsaufgabe 4 gefundenen Gründe in interne und externe Faktoren, indem Sie die Nummern in die Tabelle eintragen.**

Interne Gründe für Unternehmenskrisen	Externe Gründe für Unternehmenskrisen

6. Geben Sie an, welche internen und externen Gründe für die Unternehmenskrise bei der Hoss-Sports GmbH bekannt sind.

Gründe für die Krise der Hoss-Sports GmbH:

7. Beurteilen Sie begründet, ob die Krise der Hoss-Sports GmbH eher selbst verschuldet oder fremdverschuldet ist.

5334208

8. **Informieren Sie sich mithilfe Ihres Lehrbuches über die möglichen Maßnahmen zur Lösung der Krise bei der Hoss-Sports GmbH. Vervollständigen Sie mit den Informationen das folgende Schaubild.**

Wozu kann ein Insolvenzverfahren führen?

______________________	______________________
______________________	______________________
In der Regel werden ______________ ergriffen, die dazu geeignet sind, das Unternehmen aus den Zahlungsschwierigkeiten herauszuführen und die alte ______________ wiederherzustellen.	Das Unternehmen wird ______________. Hierbei wird das gesamte ______________ des Insolvenzschuldners verwertet (verkauft) und die Gläubiger werden aus dem Erlös nach den Vorschriften der ______________ befriedigt (Regelverfahren).

9. **Arbeiten Sie aus dem Lehrbuch heraus, welche Gründe für die Eröffnung des Insolvenzverfahrens vorliegen können, und geben Sie auch an, wann diese Gründe vorliegen und wer das Insolvenzverfahren beantragen kann.**

	Insolvenzgrund	Anzeichen	Antragstellung durch
1.			
2.			
3.			

10. **Welcher Insolvenzgrund liegt bei der Hoss-Sports GmbH aktuell vor und durch wen dürfte ein Insolvenzverfahren beantragt werden?**

____

____

____

____

____

____

11. Wie Sie in Handlungsaufgabe 8 herausgefunden haben, gibt es zwei Möglichkeiten für ein Insolvenzverfahren bei der Hoss-Sports GmbH. Für beide Verfahren muss zunächst die Insolvenzmasse festgestellt werden. **Geben Sie an, was man unter Insolvenzmasse versteht, indem Sie die folgende Tabelle vervollständigen.**

Berechnungsschema	Erläuterung der Begrifflichkeiten
gesamtes Vermögen	Vermögen des Schuldners zum Zeitpunkt ...
–	z. B.
–	
= Insolvenzmasse	

12. Mittlerweile hat Stefanie eine E-Mail von Herrn Franke bekommen:

Senden

An ... beyer@tomhoss-kg-wvd.de

Cc ...

Bcc ...

Betreff: Hoss-Sports GmbH/Überblick Verbindlichkeiten und Vermögen

Liebe Frau Beyer,

mittlerweile wissen wir etwas mehr über die Verbindlichkeiten und das Vermögen der Hoss-Sports GmbH. Sicher wird Ihnen das helfen und Sie können mir nachher einen Überblick vermitteln, was mit der Hoss-Sports GmbH passieren könnte.

- Das Vermögen der GmbH beträgt 1.742.938,00 €. Lagerräume im Wert von 1.200.000,00 €, die von einem Zulieferer an gemietet werden, sind inbegriffen.
- Forderungen der Tom Hoss KG in Höhe von 1.907.437,00 €. Davon sind 1.500.000,00 € kapitalersetzende Darlehen.
- Geldforderungen eines Zulieferers in Höhe von 1.242.746.00 €.
- Forderungen von mehreren kleineren Gläubigern in Höhe von 198.717,00 €.
- Forderung der Bank in Höhe von 7.500,00 €.

Unter den Forderungen des Zulieferers sind folgende Sachverhalte vielleicht relevant:
- Stoffe im Wert von 45.000,00 € wurden bereits an die Hoss-Sports GmbH geliefert.
- Forderung aus dem Verkauf einer industriellen Produktionsmaschine in Höhe von 15.000,00 €. Die Maschine wurde unter Eigentumsvorbehalt geliefert.
- Zuschnitte (geliefert am 01.08.20..), Wert: 5.000,00 €.
- Der Zulieferer hat der Hoss-Sports GmbH einen gebrauchten Lieferwagen geliefert. Kaufpreis: 7.500,00. Der Lieferwagen ist der Bank zur Sicherung übereignet. Somit ist die Hoss-Sports GmbH nur Besitzer.
- Die Hoss-Sports GmbH hat an den Zulieferer selbst Kleidung geliefert. Hierfür hat sie noch eine Forderung in Höhe von 14.799,00 €.

Die Kosten des Insolvenzverfahrens betragen laut Schätzungen voraussichtlich 100.000,00 €.

Viele Grüße
Steffen Franke

Leiter Rechnungswesen

5334210

a) Informieren Sie sich mithilfe Ihres Lehrbuches darüber, wie hoch die zu verteilende Insolvenzmasse der Hoss-Sports GmbH im Rahmen eines möglichen Regelverfahrens ist.

	Wert in €	Erläuterung
Vermögen:		
– Aussonderung		
= Insolvenzmasse:		
– Absonderung		
– Aufrechnung		
= zu verteilende Masse (Restmasse):		

b) Ermitteln Sie zunächst die Forderungen der Gläubiger der Hoss-Sports GmbH, die über eine zu ermittelnde Insolvenzquote befriedigt werden müssen. Berücksichtigen Sie dabei auch die Informationen von Herrn Franke.

Gläubiger	Anmerkung	Wert in €
Tom Hoss KG	**gesamt vor Insolvenz**	
Zulieferer	gesamt (inkl. vermieteter Halle)	
	–	
	–	
	–	
weitere Händler		
Bank		
	–	
Gesamtforderungen:		

c) **Verteilen Sie unter Berücksichtigung der Angaben aus der Nachricht von Herrn Franke die Restmasse gemäß den Vorschriften der Insolvenzordnung.**

Hinweis: Berechnen Sie die Insolvenzquote bitte auf vier Nachkommastellen! Runden Sie die errechneten Ansprüche der Gläubiger auf volle Euro.

Ermittlung der Insolvenzquote	
Forderungen	
Restmasse	
Verteilung der Restmasse nach Insolvenzquote:	
Gläubiger	**Berechnung**

13. Stefanie hat etwas darüber gehört, dass das Insolvenzverfahren nicht zwangsläufig so ablaufen muss, wie bisher bekannt. Um Herrn Franke umfassende Informationen geben zu können, informiert sie sich in ihrem Lehrbuch über das weitere Verfahren im Insolvenzfall.

Informieren Sie sich auch. Nennen Sie das mögliche Verfahren für die Hoss-Sports GmbH und geben Sie die Besonderheiten dieses Verfahrens wieder.

5334212

14. **Vervollständigen Sie den folgenden Überblick über die möglichen Ausprägungen des Insolvenzplanverfahrens bei der Hoss-Sports GmbH.**

Ausprägungen des Insolvenzplanverfahrens

Verfahren				
Beschreibung				
Konsequenz für das Unternehmen				

15. **Bereiten Sie nun das Gespräch mit Herrn Franke vor. Machen Sie sich stichpunktartige Notizen in dem folgenden Lösungsfeld, damit Sie im Gespräch möglichst frei Ihre Ergebnisse vortragen können.**

VERTIEFUNGS- UND ANWENDUNGSAUFGABEN

1. Beantworten Sie die folgenden Fragen zum Insolvenzverfahren:

a) **Welche Auswirkung hat die Bestätigung des Insolvenzplans durch das Insolvenzgericht?**

b) **Für welche Personen ist das Verbraucherinsolvenzverfahren zulässig?**

5334214

c) **Was versteht man unter einer „Restschuldbefreiung“ im Verbraucherinsolvenzverfahren?**

d) **Wie kommt man im Verbraucherinsolvenzverfahren zur Restschuldbefreiung?**

2. Entscheiden Sie mithilfe des Lehrbuches, ob die folgenden Aussagen richtig oder falsch sind.

Aussage	richtig	falsch
Zahlungsunfähigkeit ist ein Insolvenzgrund.		
Drohende Zahlungsunfähigkeit ist dagegen kein Grund, das Insolvenzverfahren zu eröffnen.		
Aussonderung bedeutet, dass Gegenstände, die nicht im Besitz des Schuldners sind, ihm aber gehören, zurückgegeben werden.		
Bei der Verteilung der Insolvenzmasse erfolgt erst die Aussonderung, dann die Aufrechnung.		
Bei der Verteilung der Insolvenzmasse erfolgt am Schluss die Befriedigung der Kosten des Insolvenzverfahrens.		
Der Liquidationsplan ist eine Art des Insolvenzplans.		
Ein Insolvenzplan gliedert sich in einen darstellenden, einen gestaltenden und einen unterhaltenden Plan.		
Das Verbraucherinsolvenzverfahren besteht aus 5 Stufen.		
Die erste Stufe des Verbraucherinsolvenzverfahrens ist der Versuch einer außergerichtlichen Einigung mit den Gläubigern.		
In der Wohlverhaltensperiode lebt der Schuldner 9 Jahre vom pfändungsfreien Teil seines Einkommens und nimmt jede zumutbare Arbeit an.		

Zur weiteren Vertiefung der Lerninhalte und Sicherung der Lernergebnisse empfehlen wir die Bearbeitung der Aufgaben in Kapitel 13 (Unternehmenskrisen) des Lernfeldes 14 in Ihrem Lehrbuch „Einzelhandel 4.0, 3. Ausbildungsjahr“.

Glossar

Begriff	Erklärung des Begriffs in deutscher Sprache	Erklärung des Begriffs in Ihrer Muttersprache
• *funktional*	*bedeutet: zweckmäßig*	
• *Qualifikation*	*bedeutet: durch Ausbildung oder Erfahrung erworbene Befähigung zu einer bestimmten [beruflichen] Tätigkeit*	

1) Tragen Sie in die erste Spalte den Begriff ein, der erklärt werden soll.
2) Tragen Sie in die zweite Spalte Ihre Erläuterung des Begriffs in deutscher Sprache ein.
3) Tragen Sie in die dritte Spalte Ihre Erklärung des Begriffs in Ihrer Muttersprache ein (z. B. in Englisch, Französisch, Spanisch, Russisch, Türkisch), wenn die deutsche Sprache nicht Ihre Muttersprache ist.

5334216

Begriff	Erklärung des Begriffs in deutscher Sprache	Erklärung des Begriffs in Ihrer Muttersprache

Begriff	Erklärung des Begriffs in deutscher Sprache	Erklärung des Begriffs in Ihrer Muttersprache

BILDQUELLENVERZEICHNIS

fotolia.com, New York: contrastwerkstatt 41.1; FM2 134.1; jummie 180.1.
Hild, Claudia, Angelburg: 59.1.
iStockphoto.com, Calgary: Bartel, Marina 160.1.
Picture-Alliance GmbH, Frankfurt a.M.: dpa Themendienst/ Schierenbeck; Jens 113.1.
stock.adobe.com, Dublin: contrastwerkstatt 141.1; Countrypixel 26.1; DOC RABE Media 33.1, 188.1; dp@pic 125.1; ehrenberg-bilder 94.1; eightstock 5.1; kebox 85.1; Kneschke, Robert 77.1; Picture-Factory 170.1; pictworks 49.1; Seybert, Gerhard 197.1; The One 204.1; Torbz 88.1; vege 108.1; Yang, Stefan 121.1; Zerbor 19.1.
Stollfuß Verlag - Zweigniederlassung der Lefebvre Sarrut GmbH, Bonn: 122.1, 122.2.
VG WORT, München: 198.1, 199.1.
YPS - York Publishing Solutions Pvt. Ltd.: 54.1, 189.1, 202.1.
Umschlagabbildung: Shutterstock.com, New York: PopTika Titel.